KB271985

인간존엄성

인간존엄성

개념의 기원과 형성

북캠퍼스
지식 포디움
시리즈06

MENSCHENWÜRDE

디트마르 폰 데어 포르텐 지음 | 김정로 옮김

북캠퍼스

인간존엄성은 가장 늦게 출발했지만 결국 다른 모든 주자를 추월해버린 달리기 선수에 비유할 수 있다. 가장 늦게서야 의식의 영역에 들어와 권리로 명문화된 인간존엄성은 점차 모든 인권에 우선하게 되었다. 인간존엄성은 최고의 도덕률이자 수많은 헌법과 국제 협약에서 최고 원칙으로 자리매김했다. 고문과 노예제도, 강제 노동, 굴욕과 같이 인간존엄성을 침해하는 행위는 아직 완전히 사라지지는 않았으나 전 지구적으로 지탄받고 있다.

인간존엄성의 이 놀라운 성공 역사는 어떻게 이루어진 것일까? 인간존엄성에 대한 의식은 왜 이토록 늦어졌을까? 인간존엄성은 왜 이런 특별한 자리를 차지할까? 인간존엄성은 과연 무엇이며, 또 어떻게 침해될까? 마지막으로, 인질을 구출하기 위한 국가기관의 고문이나 무기징역형과 같은 도덕과 법률 문제에 인간존엄성을 적용하면 어떤 결론이 도출될까? 인간존엄성이 걸어온 주목할 만한 승승장구의 역사가 이 질문들에 답하는 길을 제시한다.

차례

1. 들어가며

    존엄(성)이라는 말과 개념은 윤리학의 여느 말이나 개념과 달리 고대 그리스가 아닌 로마시대에 이르러 처음 등장한다(이 책의 중심 용어는 '뷔르데Würde'와 '멘셴뷔르데Menschenwürde'다. 우리말로는 존엄, 존엄성, 품위, 위엄 등 다양한 표현이 가능하지만 여기서는 존엄(성)과 인간존엄(성)으로 옮긴다. 영어인 디그니티dignity 역시 본문에 자주 등장하는데 일관성을 위해 존엄(성)으로 옮긴다-옮긴이). 이 말은 라틴어 표현 디그니타스dignitas로 나타난다(디그니타스는 존엄보다 '위엄'이나 '품위'에 가까운 말이었지만 시간이 지나면서 그 의미가 깊어져 결국 오늘날 우리가 말하는 '존엄'의 뜻으로 발전했다-옮긴이). 디그니타스는 뛰어난 사회적 '지위', 특히 정치적 '지위'에서 비롯한 '외적이고 가변적인 속성'으로, 예를 들어 로마의 집정관이나 원로원 의원, 세습 귀족 등의 존엄(위엄)을 지칭했다. 이는 한 개인의 특수한 사회적 서열을 뜻하며,

나아가 그에 상응하는 '태도'와 다른 사람에게 기대하는 대우를 뜻하기도 했다. 가령 카이사르는 원로원 앞에서 자신의 디그니타스를 지키기 위해 로마 내전을 벌였다고 주장했다(Kurt Raaflaub, Dignitatis contentio 참조).

키케로는 디그니타스를 더는 외적인 사회적 지위가 아니라 '내적이며 핵심에서 변하지 않는' 인간의 '일반 속성'으로 이해했다. 이후 수 세기 동안 이 한층 더 심화한 인간존엄성 개념은 주로 기독교 철학과 신학을 통해 확고해졌다. 근대 초기에 인간존엄성 개념은 인권과 달리 영미권이나 프랑스 사상에서가 아니라 이탈리아 르네상스와 독일 사상, 특히 자무엘 폰 푸펜도르프와 임마누엘 칸트에 의해 중요해진다.

인간존엄성 개념의 정치적, 법적 발전 또한 매우 늦게 시작되었다. 18세기와 19세기의 고전적 인권선언에는 인간존엄성이 아직 포함되지 않았다. 인간존엄성 개념은 20세기 초에야 비로소 법으로 명문화되었는데, 그마저도 1919년 '독일제국의 바이마르 헌법'이나 1937년 '아일랜드공화국 헌법'에서처럼 드물고 거의 영향력이 없었다. 인간존엄성이 탁월한 정치적, 법적 의미를 얻게 된 계기는 1945년 '국제연합헌장'과 1948년 '국제연합 세계인권선언'에 우선 명시되면서부터다. 독일에서는 1943/1944년 크라이자우어서클의 저항운동과 일부 주州 헌법에서도 나타났지만, 특히 1949년 독일 '기본법GG' 제1조 제1항에 다음과 같이 명시됨으로써 그 의미가 확고해졌다. "인간의 존엄성은 불가침하다. 인간의 존엄성을 존중하고 보호할 의무는 모든 국가권력에 있다."

1945년 전후 인간존엄성 개념이 정치적, 법적으로 승승장구하는 데 촉매제가 된 것은 무엇보다 '20세기 대규모 국가 범죄', 특히 국가사회주의와 공산주의가 저지른 국가 범죄에 대한 경험이었다. 이후 인간존엄성은 많은 헌법과 지역적이고 국제적인 조약 및 선언에 포함되었다. 2000년 '유럽연합 기본권 헌장' 제1조와 함께 인간존엄성은 유럽연합에서도 규범 중에 최고의 자리를 차지했다.

인간존엄성의 정신사는 물론 법률 및 헌법의 역사는 늦게 인식되고 늦게 우월한 지위를 얻었다는 점에서 개별 인권의 역사와 근본적으로 다르다는 사실을 우리는 흔히 간과한다. 이런 여러 역사적 배경 없이는 인간존엄성을 올바르게 이해할 수 없다. 그래서 먼저 그 역사적 배경을 개괄할 것이다(2장). 그런 다음 인간존엄성에 관하여 현재의 해석을 각각 살펴볼 것이다(3장). 이 책의 마지막 부분에서는 인간존엄성의 적용과 관련한 현재의 쟁점들을 다룰 것이다(4장).

이 책의 핵심 결론은 다음과 같다. 인간존엄성을 적어도 네 가지 (부분)개념으로 구별해야 한다는 것이다. '커다란 수준의' 인간존엄성(본질적 존엄성), '작은 수준의' 인간존엄성(외재적 존엄성), '중간 수준의' 인간존엄성(평등적 존엄성), '경제적' 존엄성이다. 본질적 존엄성은 '비육체적이고 내적이고 핵심에서 변하지 않는, 필연적이고 일반적인 인간의 속성'을 의미한다. 이는 미숙한 형식으로나마 키케로에서 나타났고 주로 기독교에 의해 계승되었으며, 이후 이탈리아 르네상스의 초기 논의를 거쳐 특히 칸트에 이르러 '자기 법칙 수립Selbstgesetzgebung'(자기 입법이라고도 한다-옮긴이) 혹은 '자기 결정Selbstbestimmung'(자율, 자기규정이라고도 한다-옮긴이)으로 구체화되었다. 이 책에서 제안하는 바에 따르면 본질적 존엄성은 '자기 이익에 대한 자기 결정'으로 이해하는 것이 적절하다. 이에 반해 외재적 존엄성은 한 인간의 '중요한 사회적 지위와 성과'에 대한 '비육체적이고 외적이며 변할 수 있는 속성'을 뜻한다. 이는 두드러진 사회적 지위로 한정되어 라틴어 디그니타스라는 표현으로 이미 지칭된 바 있다. 외재적 존엄성의 특수한 경우로서 푸펜도르프 이후 평등적 존엄성도 알려진다. 이 역시 인간의 중요한 '사회적 지위라는 외적 속성'을 뜻하지만, 모든 인간이 '자연적으로 동등하며 따라서 원칙적으로 변하지 않는 평등한' 사회적 지위를 갖는다는 점을 강조한다. 마지막으로 19세기에 특히 사회주의 운동의 대표자들은 '인간다운 현존menschenwürdiges Dasein'을 요구했는데, 이는 인간존엄성을 위한 경제적, 물질적 전제 조건의 실현을 요구하는 것이었다. 그런 의미에서 우리는 이를 간략히 '경제적' 존엄성, 더 정확히는 '경제적 존엄성 조건'이라 부른다. 인간존엄성의 네 가지 부분개념에는 한 가지 공통점이 있다. 모두 '인간의 비육체적 속성'과 관련된다는 것이다. 이 공통점 위에서 앞서 언급한 차이가 형성된다.

2. 인간존엄성 자각의 역사

라틴어 단어이자 개념인 디그니타스가 나오고 나서야 비로소 존엄성이 뒤늦게 등장했다는 사실은, 고대 그리스에는 인간존엄성에 대한 개념적 인식과 보호가 완전히 부재했다는 단정으로 이어지곤 한다. 하지만 이는 좀더 정확한 검토와 몇 가지 중요한 제한이 필요한 문제다.

1) 고대 그리스

그리스 사상에는 인간의 '비육체적이고 내적인 속성'에 대하여 많은 개념이 존재했다. 가령 절제sophrosyne, 용기andreia, 지혜phronesis, 정의dikaiosyne와 같은 고전적 기본 덕목이 그렇다. 하지만 인간의 내적 속성은 모두 '변하며' 따라서 '우연적'이다. 인간은 더 또는 덜 절제하거나, 용감하거나, 현명하거나, 정의로울 수 있다. 아리스토텔레스가 언급한 메갈로프시키아 megalopsychia(Aristoteles, Nikomachische Ethik 1123a38ff.), 즉 자부심 역시 인간의 비육체적이고 내적인 속성이지만 변할 수 있으므로 우연적이다. 따라서 지금까지 파악한 바로는, 그리스 사상에는 본질적 존엄성에 상응하는 '비육체적이고 내적이며, 핵심에서 변하지 않고 필연적인' 인간의 속성이라는 개념은 존재하지 않는다.

물론 이는 어디까지나 절반의 진실이자 잠정적 진실일 뿐이다. 우리는 과연 그리스 개념 체계 안에서 그런 개념이 가능했는지 혹은 필요했는지 물어야 한다. 가령 다른 개념이 인간존엄성 개념의 영역을 전적으로 포괄해서 차지하고 있었다면 굳이 그런 개념이 등장할 필요가 없었을 것이다. 그렇다면 그리스 사상에는 인간존엄성과 정확히 동일한 범위의 개념은 없었겠지만 그 쓰임과 의미를 함께 충족하는 다른 개념은 있었을 것이다.

속성은 언제나 '어떤 것의' 속성이다. 이 어떤 것은 '기초가 되는 것'으로, 그리스어로는 히포케이메논 hypokeimenon(실체) 또는 우시아ousia(본질)이고 라틴어로는 숩스탄티아substantia(실체)다. 기원전 5~4세기 고대 그리스 철학자 소크라테스와 플라톤 그리고 약화된 형태로나마 아리스토텔레스까지도 오르페우스교도나 피타고라스학파와 같은 선구자들을 이어 인간은 필연적으로 내적이고 적어도 그 기본 요소에서는 변하지 않는 '기초가 되는 것', 즉 '실체'를 가지고 있다고 가정했다. 이는 곧 '인간의 개별 영혼'(프시케psyche)으로, 죽은 뒤 육체에서 분리되며, 적어도 소크라테스와 플라톤에게는 불멸하는 것으로 여겨졌다(Platon, Phaidon; Rohde, Psyche II, S. 1ff.; Jan Bremmer, The Early Greek Concept of the Soul 참조).

플라톤은 대화편《파이돈》에서 소크라테스가 감옥에서 죽음을 앞두고 인간 영혼을 육체보다 훨씬 더 가치 있게 평가하며 그 불멸성을 어떻게 증명하려 했는지 묘사한다. 소크라테스는 육체의 상실은 슬퍼할 일이 아니라고 하는데, 육체는 쾌락과 욕망으로 불별하는 영혼의 순수성을 오히려 타락시키기 때문이다(65b7ff.). 따라서 플라톤의 소크라테스가 이해한 바에 따르면 영혼은 인간의 내적이고 핵심에서 변하지 않는 필연적 기초(실체)이며, 곧 인간의 본질이자 가장 가치 있는 것이다. 영혼은 신의 권능을 통해 적절한 인간 육체 안에 놓인다(Timaios 69a~72d).

인간에 관한 이런 견해는 결정적으로 실천적 결과를

낳았다. 플라톤에 따르면 인간은 자신의 영혼을 도야하고 돌볼 때만 선하고 올바르게 살아갈 수 있다(Apologie 30b1f., 29d6ff.; Timaios 90c; Gorgias 526d4f.; Politeia 591c1ff.; Alkibiades I 132cf.). 영혼의 핵심은 변하지 않지만 영혼은 삶의 형태에 따라 개선되거나 악화될 수 있다. 선한 삶을 위해서는 선한 영혼의 발전, 특히 자기 인식을 향해 나아가는 발전이 중요하다. 바로 이러한 맥락에서만 소크라테스와 플라톤의 유명한 주장, 즉 스스로 불의를 저지르기보다는 차라리 남에게 불의를 당하는 편이 낫다는 주장을 이해할 수 있다(Gorgias 475e5ff.). 남에게 불의를 당하는 일은 오직 외적 가치들만 손상시킬 뿐이지만 스스로 불의를 저지르는 일은 인간의 본질이자 가장 가치 있는 부분인 자신의 영혼을 해친다.

영혼 개념은 기술적記述的 관점에서 인간존엄성 개념보다 '훨씬 더 근본적이고 내용이 풍부'한데, 바로 이 점이 우리의 물음에 결정적으로 중요하다. 영혼은 인간의 여러 '속성' 중 하나가 아니라 인간의 '기초적인 것'이자 '실체'이며 '본질'이기 때문이다. 따라서 고전 그리스 사상에는 단순한 속성으로서 인간존엄성이라는 더 제한된 개념은 필요하지 않았다. 인간존엄성에 대한 존중과 보호를 명할 필요도 없었는데, 영혼이라는 실체에 대한 존중과 보호의 의무가 훨씬 더 포괄적이고 근본적이었거나 적어도 그렇게 보였기 때문이다. 다만 이 의무는 무엇보다도 우선 각 영혼의 담지자인 자신에게 향했다.

영혼이 정치 공동체에서 갖는 중요성은 플라톤의 주요 저서인《국가》곳곳에서 드러난다. 정의로운 영혼을 추구하는 일과 정의로운 국가를 추구하는 일은 서로 유사하다고 여겨진다(368e2f., 435b4ff.). 영혼에 금, 은, 동이 들어 있는지가 개인의 성장 가능성과 정치적 지배 능력에 본질적으로 중요하다(415a1ff.). 국가의 교육은 무엇보다도 영혼의 도야에 기여해야 한다(518c7ff.). 참주는 에로스에 지배되어 자유롭지 못한 폭군적 영혼으로 묘사된다(573d2ff., 577eff.).《국가》는 플라톤의 대화편《고르기아스》와 마찬가지로 불멸의 영혼에 대한 신화로 끝난다(613e5ff.). 이처럼 플라톤에게 인간의 개별 영혼은 근본적인 것이어서 정치 공동체는 본질적으로 영혼에 의존하며 영혼을 함양하고 보호하는 데 이바지하도록 정해졌다. 따라서 인간의 내적 속성으로서 인간존엄성은 일종의 '없어도 되는 것'으로서 언제나 더 큰 틀 속에 이미 포함되었기에 굳이 개념적으로 독립시킬 필요가 없었고 또 그렇게 할 수도 없었다. 그러므로 서두에서 제기한 고대 그리스 사상에 대한 물음에 이렇게 답할 수 있다. 그리스 사상에는 '본질적 존엄성' 개념과 범위가 동일한 인간존엄성의 속성에 관한 개념은 없다. 하지만 더 포괄적이고 존재론적으로 근본적인 기초로서의 인간 영혼 개념이 있었다. 그리고 이 개념이 인간존엄성 개념의 역할을 적어도 어느 정도는 함께 수행했다고 볼 수 있다.

플라톤 이후 사상가들은 이 실체적 영혼 개념을 점차 제한한다. 이미 아리스토텔레스는 영혼을 형이상학적, 존재론적으로가 아니라 경험적, 자연과학적으로 이해했다. 아리스토텔레스는 여전히 개별 영혼을 인정했지만 이를 육체의 생물학적 조절 중심이나 움직이는 힘, 생명의 원인으로 보았다(Über die Seele 412a6ff.). 아리스토텔레스는 영혼을 개별적이고 필연적인 것으로 보았지만 육체와 영혼의 분리를 가정하지는 않았다. 아리스토텔레스는 비인격적 정신, 즉 누스nous의 불멸성은 믿었지만, 개별 영혼 부분의 불멸성은 인정하지 않았다. 또한 아리스토텔레스에게 영혼은 폴리스의 행위와 관련해더는 실질적 의미가 없었다. 오히려 인간에게 본질적으로 중요한 것은 정치적 동물zoon politikon이자 사유하고 언어를 사용하는 이성적 동물zoon logon echon이라는 속성이다. 정치적 행위의 정당화와 의미와 관련하여 아리스토텔레스에게서는 한편으로 개별적이고 가변적인 덕목이, 다른 한편으로는 마찬가지로 가변적인 국가 제도가 우선시된다.

플라톤과 아리스토텔레스 사후 이들의 이론은 각각 아카데미아와 이른바 소요학파를 통해 이어졌다. 하지만 기원전 300년경부터 아테네에는 육체와 감각을 보다 더 전면에 내세우는 새로운 두 철학 학파가 등장했다. 바로 에피쿠로스학파와 스토아학파다. 에피쿠로스와 그의 제자들에게는 무엇보다 쾌락과 고통이 중요했다. 이들은 개별 영혼의 존재를 더는 인정하지 않았다. 기원전 300년 무렵 키티온의 제논이 창립한 스토아학파는 적어도 초기에는 영혼의 존재를 인정했으나 영혼의 실체성과 개별성을 상당히 축소해서 이해했다. 이들은 영혼을 더욱 육체적이고 초개인적인 것으로 이해했으며, 불 같은 프네우마pneuma(공기, 기운, 입김) 형태로 영혼이 육체를 관통한다고 여겼다. 초기 스토아학파의 견해에 따르면 사후 영혼은 육체를 떠나 공 모양의 형태를 띠었다가 결국 소멸한다(Max Pohlenz, Die Stoa, S. 85ff.). 중기 스토아학파의 수장 파나이티오스는 심지어 영혼이 개별 인간의 죽음보다 오래가지 않는다고 이해했다(Cicero, Gespräche in Tusculum I, 79). 이것이 바로 로마의 마르쿠스 툴리우스 키케로가 저술들을 집필할 당시 다채로운 양상을 띤 그리스 사상의 지적 상황이다.

2) 마르쿠스 툴리우스 키케로

키케로는 로마의 연설가이자 정치가, 작가, 철학자였다. 키케로는 스스로를 그리스 철학 학파 중 어느 한 곳의 일원으로 생각하지 않았다. 키케로는 다채로운 그리스 사상 세계를 흠모하여 여러 원천에서 사상을 길어 올린 절충주의자였다. 디그니타스라는 개념은 키케로의 저술에서 (하나의 중요한 예외를 제외하면) 대체로 '특별한 사회적 지위'에 따른 '외재적 존엄성'이라는 고대 로마의 이해와 같은 의미로 나타난다(예: De officiis I, 68, 130; De re publica I, 27, 43).

디그니타스 개념은 로마 문화에서 정치적, 사회적으로 중심 개념이었다. 이는 사람에게 쓰일 때는 특정하게 두드러진 사회적 지위, 즉 계급이나 신분(예: 원로원 의원,

집정관, 귀족)과 같은 개인의 특수한 지위가 가지는 비육체적이고 외적이며 가변적이어서 우연적인 속성을 의미했다. 또한 그 사회적 지위에 결부된 '행동 양식', 즉 언행과 생활 태도는 물론 이로 인해 다른 사람에게서 받는 특별한 대우까지 포함했다(Viktor Pöschl, Der Begriff der Würde im antiken Rom und später, S. 20f.). 우리는 탁월한 지위를 뜻하는 디그니타스의 이러한 본래적 의미를 '명예', '사회적 명망', '사회적 특권'으로 번역할 수 있다. 이는 고위직 인사 본인에게도, 그리고 그의 동료 시민들에게도 도덕적 요구를 포함하는 속성을 가리킨다(Hans Drexler, Dignitas, S. 243, 245). 이는 외재적 존엄성, 다시 말해 외적이고 본질적인 사회적 지위의 제한적 의미의 존엄성이다. 이는 오늘날 우리가 국가원수의 존엄, 판사의 존엄, 상인의 존엄 등을 말할 때 여전히 존엄성 개념과 연결되는 의미이기도 하다. 이런 존엄성은 자신과 다른 사람의 사회적 행동에 달려 있으며, 그 행위에 따라 더해지거나 줄어들고 심지어 완전히 획득하거나 몽땅 상실하기도 한다. 이런 존엄성은 대개 내적이면서도 변하는 감정이나 평가, 가령 일정한 자존감과 결부된다.

고대 로마의 디그니타스, 즉 존엄성은 이미 인간의 존

엄성이기는 했으나 두 가지 기본적 제한이 있었다. 그것은 오직 '외재적 존엄성'의 의미에서 존엄성이었는데, 전적으로 인간의 '가변적이면서 중요한 사회적 지위'와만 관련되었기 때문이다. 그리고 디그니타스는 처음부터 인간존엄성의 일반성을 강조하지 않고 오히려 그 사회적 '특수성', 즉 지위를 가진 개인의 탁월함을 강조했다. 따라서 '인간의 디그니타스dignitas hominis'라고 말하는 것은 적절치 않다. 이 말을 사용할 때마다 그렇게 주장되는 특정 개인의 두드러진 사회적 지위가 무엇인지 항상 함께 밝혀야 했기 때문이다.

키케로의 《의무론》에서 디그니타스의 개념이 전혀 다른 의미를 띠는 경우는 단 한 곳뿐인데, 여기서 비로소 디그니타스는 초보적 형태로나마 본질적 존엄성을 가리키는 의미로 쓰인다. 키케로는 《의무론》에서 그리스 스토아학파를 상당히 따르고 있지만 스스로 밝혔듯이 번역자로서가 아니라 그들을 원천으로 삼아 "자신의 판단과 선택에 따라 필요하다고 여겨지는 만큼만"(I, 6) 끌어왔다. 여기서 앞서 언급한 파나이티오스의 저술이 무엇보다 중요했으리라 보이는데, 방금 인용한 대목에 이어 바로 파나이티오스를 명확히 언급하기 때문이다. 그러나 키케로는 《의무론》에서 파나이티오스의 어떤 책을 참고했는지는 밝히지 않는다. 키케로가 친구 아티쿠스에게 보낸 편지에서 직접 밝히기를, 주로 《적합함 혹은 의무에 관하여Peri tu kathekontos》를 봤다고 한다(Sammlung der Briefe Buch 16, Brief 11, Abschn. 4). 이 책은 파나이티오스의 다른 저작과 마찬가지로 모두 소실되었으므로 키케로가 파나이티오스의 사상에 얼마나 크게 의존했는지, 다시 말해 특정 텍스트의 일부를 단순히 번역한 것인지, 아니면 키케로의 고유한 사상인지 확실히 알 수 없다.

키케로가 디그니타스라는 표현을 외적이고 가변적인 사회적 지위가 아니라, 적어도 본질적 존엄성이라는 의미로 이해하는 것으로 보는 유일한 대목은 네 가지 기본 덕목 가운데 마지막으로 절제의 덕을 논의하는 데서 나타난다(temperantia et modestia, De officiis I, 93). 이는 플라톤 이래로 많은 철학자가 다루었던 고전적 주제다. 결정적인 부분은 다음과 같다(I, 105, 106).

하지만 의무에 적합한 행위를 탐구할 때 인간의 본성이 다른 가축이나 짐승보다 얼마나 뛰어난가 유념하는 것도 중요하다. 가축과 짐승은 쾌락밖에 느끼지 못하고 오직 온 힘을 다해 쾌락만을 추구한다. 그러나 인간의 정신은 배움과 사유를 통해 성장하며 끊임없이 무엇인가를 탐구하거나 행하고 보고 듣는 기쁨에 이끌린다. (…) (106) 그래서 육체적 쾌락은 인간의 고귀한 지위에 **적합하지** 않으므로 멀리하고 물리쳐야 한다. (…) 또한 우리의 본성에 깃든 고귀함과 **존엄성(디그니타스)**을 생각해본다면 사치와 향락에 빠져 방탕하고 나약하게 사는 것이 얼마나 수치스러우며, 절약하고 절제하고 엄격하고 건전하게 사는 것이 얼마나 올바른 삶인지 알 수 있다(강조는 필자).

따라서 여기서 존엄성은 인간의 '본성'과 결합되며, 이로써 핵심에서 변하지 않고 필연적이고 일반적인 인간의 속성으로서 이해된다. 우리의 본성이 그 자체로 변하지 않고 필연적인 것으로 파악되기 때문이다. 이 속성은 전혀 외적인 것이 아니므로 내적인 속성일 수밖에 없다. 여기서 자연의 개념이 존재론적으로 축소된 형태로 고전적 영혼 개념의 역할을 대신하고 있음이 명확하다. 방금 인용한 디그니타스 대목 직전에 키케로는 자연(본성)에 따라 살아야 한다는 의무도 제시한다(I, 100).

이 의무는 스토아학파를 대표하는 크리시포스가 특히 강조한 바 있다(Hans v. Arnim, SVF III, 4). 하지만 키케로는 곧이어 자연만이 아니라 '영혼anima의 움직임'과 '영혼의 본성' 역시 언급하면서(I, 101) 존재론적으로 덜 엄밀한 개념인 자연을 소크라테스, 플라톤, 아리스토텔레스가 발전시킨 존재론적으로 더 심오하고 인간에게 더 근본적 개념인 영혼으로 환원한다. 파나이티오스의 저작에도 영혼에 관한 언급이 있었는지 분명치 않으며, 앞서 인용한 디그니타스 대목은 키케로가 파나이티오스의 글을 단순히 옮기거나 해석한 것인지, 아니면 키케로 자신의 고유한 사상을 진술한 것인지 역시 불확실하다.

간혹 인간존엄성을 스토아학파의 사상으로 직접 소급하려 한다. 막시밀리안 포르슈너는 (파나이티오스가 아닌) 스토바이오스에 의해 전해지는 고대 스토아학파에서 무관심한 재화나 가치 안에서의 구분을 지적한다(Maximilian Forschner, Marktpreis und Würde oder vom Adel der menschlichen Natur, S. 48). 이에 따르면 무관심한 adiaphora 것에 해당하지 않고 오직 도덕적으로 선한 것에만 해당하는 특정한 가치가 존재한다(Hans v. Arnim, Svf III, 125). 이 가치는 악시오마axioma라 불리는데, 포르슈너는 이를 '존엄성'으로 번역한다.

하지만 이러한 번역이 반드시 타당하다고 볼 수는 없는데, 그리스어 악시오마άξίωμα(axiosoma)의 의미 영역은 훨씬 더 모호하기 때문이다. 악시오마는 주로 명예를 뜻했지만 가치, 존중, 명망, 권세 등을 의미하기도 했다. 스토아학파에서는 이미 이 단어가 오늘날 공리axiom의 의미와 유사한, 즉 '자명한 것으로 간주되는 명제'라는 뜻으로도 쓰였다(Max Pohlenz I, S. 48). 따라서 악시오마를 오늘의 '존엄성'으로 번역하거나, 앞서 인용한《의무론》의 결정적 부분에서 키케로가 파나이티오스의 그리스어 악시오마를 라틴어 디그니타스로 '번역'했다는 주장을 뒷받침할 만한 명확한 근거나 단서는 없다(이와 다른 주장은 Paul Tiedemann, Menschenwürde als Rechtsbegriff, S. 121; Schaber, Menschenwürde, S. 21 참조). 더 나아가 칸치크는 악시오마 안트로푸axioma anthropou, 즉 악시오마를 인간과 결부시키는 표현을 스토아학파의 어떤 단편에서도 발견할 수 없다고 지적한다(Hubert Cancik, 〈Dignity of Man〉, S. 22). 따라서 인간존엄성이라는 개념이 스토아학파에서 처음으로 '등장했다'고 주장하는 것은 확실한 문헌적 근거가 없는 셈이다. 키케로가 스토아학파의 영향을 받은 것은 분명하지만 플라톤이나 아리스토텔레스 등 다른 지적 전통들의 영향도 발견되기 때문이다.

내용상 앞에서 인용한 키케로의 구절에서 말하는 본질적 존엄성은 전적으로 '자기 자신의 덕 있는 삶'을 살아야 한다는 의무의 근거로서 제시되었다. 하지만 인간 존엄성을 통해 '다른 사람이나 정치 공동체'의 행동을 제한하지는 않는다. 따라서 내적 존엄성에 관한 키케로의 개념은 오늘날의 개념보다 훨씬 좁은 의미를 지니는데, 현대의 인간존엄성 개념에서 핵심은 바로 다른 사람, 특히 정치 공동체를 의무 지우는 실천적 차원이기 때문이다. 그럼에도 키케로에게서 비로소 디그니타스의 이중적 의미에 대한 단초가 드러난다.

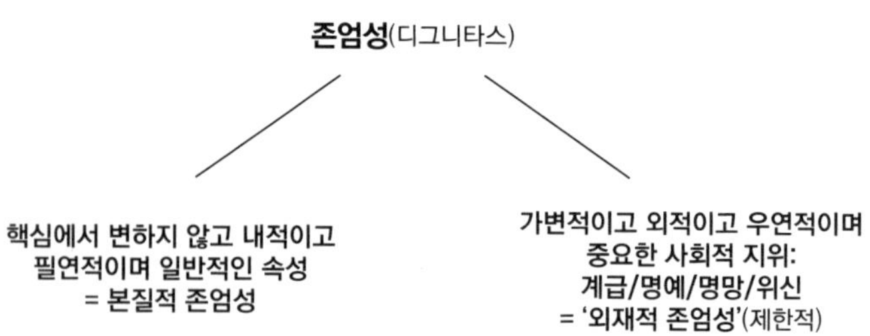

키케로가 디그니타스 개념을 본질적 존엄성의 의미로 새롭게 이해한 것은 앞서 언급한 부분에서 명확한 근거 없이 제시된다. 그러나 우리는 이어지는 단락에서 그 근거를 볼 수 있다. 이 단락에서 키케로는 자연이 우리에게 인격persona의 두 가지 측면을 부여했다고 주장한다. 하나는 이성이 관여한다는 점과 짐승보다 우월하다는 점으로, 여기에서 모든 명예롭고 합당한 것이 유래해야 한다. 다른 하나는 개인이 지닌 고유한 자질이다. 이 개별적 자질에 관해 키케로는 신체와 외모뿐만 아니라 영혼까지 언급하며, 비록 형태의 다양성과 관련해서지만 디그니타스를 다시 한번 언급한다.

첫 번째 측면은 개인을 넘어선 세계 법칙, 곧 스토아학파가 주장한 만물을 주재하며 인간의 본성까지 규정하는 정신 또는 로고스logos를 가리키는 듯하다. 그렇다면 우리는 키케로가 이 외적이고 이성적인 세계 법칙을 불변으로 이해한 디그니타스의 근거로 보았다고 추정할 수도 있을 것이다. 하지만 이는 '외적이고' 정당화일 뿐이다.

두 번째 측면에서는 '개별 영혼'에 대한 언급이 등장한다. 여기서도 우리는 정당화를 볼 수 있는데, 이번에는 내적 정당화다. 즉 실체적 인간 영혼에 의거한 내적 근거를 제시하는 것 또한 가능해 보인다. 이와 관련하여 주목해야 할 점은 키케로가 자신의 주요 정치 저작《국가론》을 플라톤이《국가》를 마무리한 방식과 유사하게, 불멸의 영혼에 관한 스키피오의 꿈으로 끝맺었다는 사실이다(VI, 26~28).《투스쿨룸 대화》에서도 키케로는 주저하기는 하지만 영혼의 불멸성을 추측한다(I, 27, 66). 이로써 키케로는 앞에서 언급한 파나이티오스가 영혼의 불멸성을 부정했던 입장과 정반대 편에 선다.

정리하자면 본질적 존엄성 의미로서 인간존엄성 개념의 시작은 키케로에게서 나타나기는 했으나 미약하고 우연적인 출발에 불과했다. 인간존엄성 개념은 명확한 근거도, 체계적 기능도, 일관된 개념도 그리고 키케로의 저작에서 더는 전개도 없이 부차적으로 머물렀을 뿐이다. 알려진 바로는 키케로 이후 로마의 비기독교 사상가 중 누구도 그의 디그니타스 개념에 대한 새로운 이해를 실질적으로 받아들이지 않았다. 가장 기대할 법한 세네카조차 마찬가지였다. 보에티우스가 인간에게 자기 존엄성을 저 밑바닥 아래로 떨어뜨리지 말라고 경고할 때 말하는 존엄성은 사회적 지위로서의 외재적 존엄성일

것이다(Trost der Philosophie 2, 5, 81, S. 70). 인간존엄성 개념
이 키케로가 아니라 스토아학파에서 유래했다는 일각
의 주장 역시 현재 연구와 사료상 어떠한 문헌적 근거
도 없으므로 유지할 수 없는 셈이다.

이 지점에서 한 가지 덧붙이자면 키케로의 《의무
론》이 나중에 독일어 단어 'Würde(존엄성)'에 영향
을 미쳤다. 1488년 최초의 독일어 번역본(아우크스부르
크, 한스 쇼프저Hans Schobser 간행)에서 라틴어 'dignitas'는
'wirdikait'로 옮겨졌다. 이어 1531년의 한 번역본(아우크
스부르크, 요한 폰 슈바르첸베르크Johann v. Schwarzenberg 편집)에
는 'wirde'라고 표기되었다.

3) 기독교 사상

기독교는 개별적이고 불멸하는 영혼을 인간의 실체이
자 본질로 여기는 고대의 가정을 인간학과 신학의 핵심
요소로 삼았다. 예수의 십자가 죽음은 영혼을 구원하
는 데 목적이 있다. 영혼의 구원은 기독교적 삶의 본질
적 목표다. 그래서 성직자는 '영혼의 목자Seelsorger'다.
동시에 초기 기독교 사상가들은 핵심에서 변하지 않는
인간의 내적 속성, 즉 본질적 존엄성으로서 디그니타스

에 대한 키케로의 새로운 이해를 받아들였거나 재발견
했을 것이다(이 중 어느 쪽이 맞는지는《의무론》I, 105 이하에 대
한 명확한 언급이 드러나지 않는 한 판단하기 어렵다). 기독교 사
상가들의 본질적 진보는 이 두 가지 가정을 '통합'한 데
있었다. 즉 인간의 실체적 영혼에 대한 가정과 핵심에서
변하지 않는 내적 속성으로서의 인간존엄성을 키케로
가 했던 것보다 훨씬 더 명확하게 결합한 것이다. 키케
로는 '자연'이라는 개념을 그 사이에 집어넣었지만, 이
제 실체로서 영혼은 디그니타스의 변하지 않는 내적 속
성에 부가되었다. 이런 방식으로 본질적 존엄성은 인간
영혼의 표현으로 이해되었다. 키케로가 언급했던 '자연'
이라는 중간 고리는 비록 곧바로 사라지지는 않았지만
점차 뒷전으로 밀려난다.

영혼-자연(본성)-존엄성이라는 세 연결고리는 니사의
그레고리우스(335~394)의 초기 저술에서도 분명히 드러
난다.

영혼은 스스로 독립적이고 자율적이며 자기 결정에 따
라 주도적으로 다스린다는 점에서 이미 비천함에서 벗
어나 왕과 같은 고귀한 본성을 보여준다. 왕이 아니고서

야 누가 감히 이런 속성을 지닐 수 있겠는가? 모든 것을 지
배하는 신적 본성과 닮음은 우리의 본성이 여왕처럼 창조
되었다는 데 있다. 왕의 형상을 만드는 이들은 왕의 모습을
본떠 그 옷차림으로 왕의 존엄을 드러낸다. 마찬가지로 인
간의 본성도 다른 모든 것을 지배하도록 창조된 존재로서
의 왕과 닮음으로 **존엄**과 이름을 그 원형과 공유하는 살아
있는 형상으로 세워졌다(Gregor v. Nyssa, Abhandlung über
die Ausstattung des Menschen/De hominis opificio, Kap. 4,
Übersetzung nach Pöschl, Der Begriff der Würde, S. 44. 강조는
필자).

아우구스티누스도 《삼위일체론》에서 영혼을 존엄성
과 관련지었다.

(…) 인간 영혼은 그 지성과 이성이 때로는 무감해 보이고,
때로는 미약해 보이고, 때로는 장대해 보일지라도 결코 지성
과 이성을 떠나 존재하지 않는다. 따라서 영혼이 하느님의
형상으로 창조되어 자신의 지성과 이성을 통해 신을 인식하
고 관조할 수 있는 한 이토록 위대하고 경이로운 본성이 존
재하기 시작한 최초의 순간부터 하느님의 형상은 설령 거의

사라져버릴 만큼 닳아 없어졌든, 어두워지고 일그러졌든, 밝고 아름답든 언제나 존재한다. 바로 **존엄성**의 왜곡을 개탄하며 성서는 말한다. "인간은 모상을 하고서 다니면서도 헛되이 혼란해져 있나이다. 재물을 쌓으면서도 그것이 누구에게 모이는지 알지 못하나이다"(Aurelius Augustinus, Über die Dreieinigkeit/De trinitate, 14. Buch, 4. Kap., Abschn. 6. 강조는 필자).

존엄성과 영혼 실체의 직접적 결합은 5세기 혹은 6세기까지 거슬러 올라가며, 제2차 바티칸 공의회(1962~1965)까지 이어진 성찬례의 봉헌 기도문에 잘 나타난다. "주여, 인간 본성의 존엄성을 놀랍게 세워주시고 더욱 놀랍게 새롭게 하셨으니 (…)"(Cunibert Mohlberg, Sacramentarium Leonianum, hg. von Mohlberg 1956, 157, Nr. 1239). 기독교에서는 영혼 실체와 인간 본성 외에도 인간 존엄성을 구체화하고 정당화하기 위해 네 가지 교리가 더해졌다. 첫째, '하느님에 의한 인간 창조'(《창세기》 1장 1절), 둘째, 인간 창조의 기준으로서 '하느님의 형상'(《창세기》 제1장 27절), 셋째, 인간이 하느님의 기준에 따라 창조되었다는 사실의 결과로서 '인간 이성'의 수용, 넷째, 인간 이성의 본질적 측면으로서 인간의 '자유'다.

마지막 두 가지 교리에 관해서는 토마스 아퀴나스의 다음 구절에서 확인할 수 있다. "인간은 죄를 지음으로써 이성의 질서에서 벗어난다. 그리고 이로써 인간은 본질적으로 자유롭고 자기 자신을 위해 존재한다는 인간의 **존엄**에서 떨어진다"(Thomas v. Aquin, Summa theologiae II-II. qu. 64, Art. 2 resp. ad 3. 강조는 필자).

기독교 사상가들은 불멸의 영혼을 인간존엄성의 속성 아래 두면서 처음으로 본질적 존엄성에 대한 '내적 근거'를 제시했다. 하지만 이 내적 근거는 '궁극적인 것이 아니라 그 직전의 것'에 머물렀다. 인간 영혼의 궁극적 근거가 개별 인간이 아니라 신에게, 즉 신의 형상에 따라 이성적이고 불멸하는 실체로 인간 영혼을 창조한 신의 행위에 있기 때문이다.

4) 이탈리아 르네상스 초기

이탈리아 르네상스 초기, 인간이 관심의 중심에 놓였다. 미술뿐 아니라 인간을 다룬 저술에서도 이를 확인할 수 있는데, 제목에 인간존엄이나 이와 유사한 개념을 담은 저작이 늘어났다. 예를 들어 바르톨로메오 파초가 1447년에 쓴 짧은 글《인간의 탁월함과 우수함에 관하여De excellentia et praestantia hominis》와 잔노초 마네티가 1452년에 쓴《인간의 존엄성과 탁월함에 관하여 De dignitate et excellentia hominis》 등이 있다. 르네상스 초기 이런 디그니타스 문헌에는 뚜렷한 목적이 있었다. 이 문헌들은 교황 인노첸시오 3세가《인간 처지의 비참함에 관하여De miseria humanae conditionis》(1194/1195)에서 주장한 견해에 대한 반박이었다. 이 책에서 인노첸시오 3세는 원죄로 인한 인간의 지상에서 삶을 단지 비참하고 무가치하다고 보았다. 이에 반해 파초와 마네티에게 인간의 지상에서 삶은 '긍정적인 가치'를 지닌다. 인간을 비관적 시각이 아니라 '낙관적 시각'으로 본 것이다. 하지만 그 근거는 여전히 기독교 교리의 종교적, 형이상학적 전제에서 벗어나지 못했다. 인간존엄성은 전통에서와 마찬가지로 불멸의 영혼, 신에 의한 인간 창조, 신의 형상, 인간의 이성과 자유에 근거했다. 파초는 글에서 신에 의해서 성부의 형상뿐만 아니라 성자 예수와 성령의 형상, 즉 삼위일체의 모상에 따라 창조되었기에 인간의 영혼이 탁월함과 존엄을 지닌다고 강조했다(S. 155).

마네티는 전통에서 좀더 벗어났다. 마네티는《인간의

존엄성과 탁월함에 관하여》 1권에서 먼저 인간의 육체를 신의 아름다운 창조물이자 육체보다 더 귀한 영혼을 담는 소중한 그릇으로 다룬다(I, 52). 이어 2권에서는 영혼 자체를 신이 창조한 불멸의 비육체적 실체, 곧 형상으로 규정하고 그 본질적 속성으로 이해, 기억, 자유의지를 제시한다(II, 20). 3권에서는 인간을 결국 육체와 영혼의 결합으로 파악하고 그 행위와 업적을 논한다. 마네티는 인간을 필멸의 존재이자 불멸의 존재로 정의하며(III, 3) 그 장점과 능력을 강조한다. 인간의 본질적 과제는 인식과 행동이라고 마네티는 밝힌다(III, 45f.). 이 부분에서 디그니타스, 곧 존엄성이라는 개념이 드물게 등장하지만 중요하게 다뤄지지는 않는다. 주로 인간을 신의 창조물로서 특징짓는 맥락에서 본질적이고 변하지 않는, 내적 존엄성이라는 의미로 쓰인다(III, 11, 49, 57). 이는 반대 견해를 반박하는 데 할애된 책의 4권에서도 마찬가지다(IV, 73). 하지만 존엄성이라는 부여된 능력에 근거한 실질적 결론은 도출되지는 않는다. 고대 후기와 중세 기독교 텍스트와 비교해볼 때 마네티의 《인간의 존엄성과 탁월함에 관하여》에서 새롭게 드러나는 점은 무엇보다 인간과 인간의 현세적 능력 그리고 인식과 행동

의 발전 가능성을 '긍정적이고 낙관적으로 보는 시각'
이 두드러진다는 것이다. 다만 인간을 신이 창조한 실체
적이고 불멸의 영혼에 의해 규정된 존재로 보는 기독교
적, 형이상학적 관점은 그대로였다.

5) 조반니 피코 델라 미란돌라

조반니 피코 델라 미란돌라는 1486년에 발표한《인간
의 존엄성에 관하여De hominis dignitate》(이하《연설》)라는
제목의 연설로 흔히 인간존엄성 개념의 선구자 혹은 발
명자로 불린다. 하지만 이런 평가는 다양한 이유에서 문
제가 된다. 우선 연설 전체를 통틀어 인간의 디그니타
스, 즉 'dignitas humana' 혹은 'dignitas hominis'라
는 표현은 단 한 번도 등장하지 않는다. 피코는 이 연설
문에서 인간과 관련하여 '디그니타스'라는 단어와 개념
을 사용하지 않았으며, 오히려 '피하려' 했다. 피코는 우
리가 본받아야 할 대상으로서 천사의 '디그니타스'를
단 한 번 언급했을 뿐이다(S. 11). 피코가 파초와 마네티
의 글들을 알았을 텐데도 인간과 관련한 '디그니타스'
라는 표현이 빠진 것은 단순히 우연이라고 보기 힘들
다. 둘째, 연설문의 제목은 애초에 피코가 붙인 게 아니

었다. 1494년 피코가 죽고 10년 뒤인 1504년에 가톨릭 신학자이자 사제였던 히에로니무스 엠저가 피코의 저작을 스트라스부르에서 출판하면서 편집자로서 연설문에 제목을 붙였다. 피코가 이 글에 붙인 제목은 《연설 Oratio》이었다. 이 연설문은 본래 피코가 로마에서 900개의 논제를 내걸고 공개 논쟁을 시작하며 발표하려 한 글이었다. 피코는 900개의 논제를 통해 모든 철학적, 신학적 학파와 사상을 하나로 아우르려 했다. 그러나 교황 인노첸시오 8세는 이 900개의 논제는 물론 공개 논쟁과 피코의 개회 연설까지 모두 금지해버렸다.

결정적인 질문은 다음과 같다. 피코가 인간과 관련하여 디그니타스라는 단어와 개념을 제목에서도, 본문에서도 사용하지 않았는데 편집자 히에로니무스 엠저는 왜 저 제목을 붙였을까? 엠저는 기독교적 색채가 짙은 디그니타스라는 단어를 제목에 달아 이 글에 대한 교회의 의심을 덜거나, 적어도 이 글을 일반적으로 받아들여진 디그니타스 문헌의 범주에 넣으려 했을지도 모른다. 그렇다면 피코는 왜 인간과 관련한 디그니타스라는 단어나 개념의 사용을 피했을까? 피코는 인간에 관한 자신만의 새로운 관념을 위해 전통적으로 디그니타스 개념과 결부된 기독교의 핵심 교리들(실체적이고 불멸하는 영혼, 신에 의한 인간 창조, 신의 닮은꼴로서 인간, 신이 부여한 인간의 이성과 자유)과 거리를 두려 했던 게 아닐까? 그렇지 않다면 피코가 논쟁의 장에서 자신의 논제들로 시도하고자 했던 모든 종교와 철학의 종합은 애초부터 실패할 수밖에 없었을 것이다.

피코가 《연설》에서 인간존엄성이라는 말과 개념을 제목에서도 본문에서도 사용하지 않았다면, 이 책이 인간존엄성의 발전에서 지니는 중요성은 오로지 그 내용적 의미를 통해서만 정당화될 수 있을 것이다. 《연설》에서 피코는 이미 파초와 더 강력하게는 마네티에서 드러난 인간 중심적 시선과 인간 및 그 능력에 대한 긍정적이고 낙관적인 시각 외에 세 번째로 인간학적 요소에 중점을 두었다(아마도 이 점 때문에 교회의 금지 처분까지 받게 되었을 것이다). 그것은 바로 '모든 개별 인간이 스스로 책임져야 할 자기 발전을 향해 열려 있다'는 것이다. 인간은 자신의 선택과 행동에 따라 짐승으로 전락할 수도, 신적인 존재로 올라설 수도 있다. 피코는 가상의 연설 형식을 빌려 신이 인간에게 다음과 같이 말하게 한다.

나는 너를 하늘의 것도 땅의 것도 아닌 존재로, 죽을 수도 불멸할 수도 없는 존재로 창조했다. 이는 네가 스스로 자유로운 의지에 따라 창조적 조각가처럼 네 스스로를 네가 원하는 형태로 빚게 하기 위함이다. 네가 원한다면 더 낮은 것, 곧 짐승으로 타락할 수 있다. 그러나 네 의지가 결심만 한다면 더 높은 것, 곧 신적인 존재로 다시 태어날 수도 있다(S. 7).

피코에 따르면 인간은 모든 생명체의 씨앗을 자기 안에 지니고 있다. 중요한 것은 인간이 스스로 어떻게 발전하느냐다.

인간에게는 태어날 때 신이 심은 모든 생명체를 위한 다양한 씨앗과 싹이 있다. 각자가 심고 가꾸는 바에 따라 그것들은 자라나 열매를 맺을 것이다. 식물의 씨앗을 기르면 그는 식물이 되고 감각의 씨앗을 기르면 동물이 된다. 이성의 씨앗을 돌본다면 그는 천상의 존재로 발전할 것이고 정신의 씨앗을 가꾼다면 그는 천사가 되어 신의 아들이 될 것이다. 그가 피조물의 운명에 만족하지 않고 자기 완결성의 중심으로 되돌아간다면 그는 신과 함께하는 정신이 되어 만물 위에 있는 아버지의 고독과 어둠 속에서 모든 것을 초월하게 될 것이다(S. 7).

인간을 자신의 발전에 열려 있는 존재로서 창조했다는 이런 생각은 1500여 년 동안 키케로에서 출발해 토마스 아퀴나스와 같은 기독교 사상가들을 거쳐 파초와 마네티에 이르기까지 발전해온 인간 이해, 즉 인간존엄을 내적이고 핵심에서 불변하는 속성으로 보는 본질적 존엄성에 대한 이해와는 분명히 다르다. 피코는 기독교 전통에서 인간의 존엄성과 연결해온 인간 영혼의 실체, 불멸 그리고 신의 닮은꼴에 관해서는 침묵한다. 인간을 이해하는 데 결정적인 두 곳에서 피코는 '아니마anima' 대신 '아니무스animus', 즉 '영혼' 대신 '의지, 생명력'을 이야기한다(S. 7, 11). 그리고 피코는 또 다른 곳에서 동물이나 짐승처럼 행동하는 인간의 "본능적이고 감각적인 영혼bruta anima et sensualis"(S. 9)을 언급했는데, 이는 기독교 전통에서는 인간존엄성을 근거 짓는 요소가 아니었다. 이를 통해 피코는 자신이 아리스토텔레스와 마찬가지로 오히려 더 포괄적인 동시에 덜 관념적인 영혼 개념에 기울었음을 분명히 했다. 그렇다면 피코가 핵심에서 변하지 않는 본질적 존엄성의 속성을 인간 개념의 기초로서 고려하지도 언급하지도 '않은' 것은 지극히 일관된 선택이라 할 수 있다.

인간존엄성 개념에서 피코가 가지는 의의는 어디에 있는가? 피코는 인간의 자기완성이라는 구상을 선전했고 이를 통해 훗날 좀더 일반적이고 근본적인 의미에서 '자율성' 혹은 '자기 결정'이라 불리는 것의 한 측면을 제시했다. 그러나 피코 자신은 인간의 자기완성이라는 이런 급진적 구상을 아직 인간존엄성 개념과 연결 짓지는 않았다. 피코 사후 그의 글을 편집한 히에로니무스 엠저가 새 제목을 선택함으로써 후대 독자들이 그런 연결을 할 수 있는 최초일지언정 순전히 형식적인 전제만을 마련해두었다. 하지만 그 뒤 200년 동안 다른 저자들이 전통적 디그니타스 개념과 인간의 자기완성이라는 생각을 연결하려 한 흔적은 보이지 않는다. 피코는 자신의 인간관에서 훌륭한 삶이나 더 나아가 윤리 혹은 정치에 관한 기본적인 실천적 결론을 이끌어내지도 않았다. 더구나 피코는 인간이 자기 발전의 잠재력을 지녔다고 가정했지만 그 잠재력이 왜 다른 사람에게도 의무로 이어져야 하는지를 설명하지 않았다. 피코의 자기완성 개념이 실제로 그토록 새로웠는지도 연구자들 사이에서 논쟁거리다(Kurt Bayertz, Die Idee der Menschenwürde: Probleme und Paradoxien, S. 467 참조). 예컨대 코부슈는 피코보다 앞서 고대 후기, 특히 오리게네스가 보여준 자유의 개념을 그 전례로 제시했다(Theo Kobusch, Die Würde des Menschen-ein Erbe der christlichen Philosophie). 끝으로 간과해서는 안 될 점은 피코의 자기완성의 구상이 (앞서 인용한 글의 마지막 문장이 보여주듯) 결국 인간 정신이 신의 고독과 어둠 속에서 신과 하나 되는, 이른바 신비한 합일unio mystica이라는 신비적 신플라톤주의 사상에서 절정에 이른다는 사실이다. 따라서 인간의 자기 결정은 그 궁극적 목적에서 크게 제한되며, 그런 의미에서 자유로운 자기 결정을 내적 속성으로 보는 본질적 존엄성과는 근본적으로 다르다.

인간존엄성이 피코에 의해 또는 르네상스 시기에 '고안'되었다는 견해(Rolf Gröschner/Stephan Kirste/Oliver Lembcke(Hg.), Des Menschen Würde, entdeckt und erfunden im Humanismus der italienischen Renaissance; Bayertz 참조)는 자세히 들여다보면 그리 설득력이 없다. 피코는 단지 인간이 이룰 수 있고 이루어야 할 자기완성에 대해 매우 급진적이고 특수한, 신비적 신플라톤주의의 인간상을 보

여주었을 뿐이다. 실제로 인간존엄성 개념을 (피코와 전혀
관련 없이) 더 추상적이고 근본적인 형태의 도덕적 자율
성과 연결하는 것은 18세기 칸트에 이르러서야 비로소
가능해졌다.

6) 자무엘 폰 푸펜도르프

17세기와 18세기에 접어들어 근대 서구, 특히 영국과
프랑스에서 전개된 윤리 및 정치 이론에서는 홉스, 로
크, 루소, 몽테스키외 같은 사상가들의 경우에서 보듯
디그니타스 혹은 인간존엄성 개념이 거의 완전히 사라
졌다. 회의적이고 자연주의적인 이 사상가들은 파초와
마네티에서 뚜렷하게 드러났던 인간존엄성 개념의 종
교적, 형이상학적 함의가 자신들의 세속적 정치 이론에
더는 적합하지 않다고 여겼을 것이다. 고전적 디그니타
스 개념의 배제는 피코의 경우와 유사하다. 가령 홉스
는 《리바이어던》에서 존엄성 개념을 단 한 번 짧게 언
급했는데, 이마저도 사회적 지위에 따른 외재적 존엄성
의 의미로 규정하고 곧바로 국가가 부여하는 정치적 평
가로 축소한다. "한 인간의 공적 가치, 즉 국가가 그에게
부여하는 가치를 통상 '존엄성'이라 부른다"(Kap. 10, S.

68). 유일하게 기독교 철학자 블레즈 파스칼만이 인간의 '사고 안에는' 자신의 존엄성이 있다고 여전히 언급했을 뿐이다(Gedanken, S. 103).

독일 자연법 전통에서도 토마지우스나 볼프, 아헨발, 후펠란트와 같은 이론가들에게서는 인간존엄성 개념의 의미 있는 계승을 찾아볼 수 없다. 다만 회의적이거나 자연주의적이지 않고, 오히려 어떤 면에서는 더 전통적이었던 근대 자연법의 원로 자무엘 폰 푸펜도르프에게서 인간존엄성에 관한 몇몇 짧은 언급이 발견된다. 1672년에 발표한 자연법에 관한 주저《자연법과 국제법De jure naturae et gentium》(전8권)에서 푸펜도르프는 이렇게 말한다.

인간이 동물보다 존엄한 이유는 무엇보다도 가장 고귀한 영혼을 부여받았기 때문이다. 이 영혼은 특별한 통찰력으로 사물을 인식하고 구별할 수 있으며, 탁월한 능동성으로 그것을 추구하거나 거부할 수도 있다. (…) 이런 인간 영혼의 능력, 즉 높은 통찰을 지닌 능력은 이성에서 나온다(I, III, 1).

이 진술은 명백히 내적이고 핵심에서 변하지 않는 인간의 속성이라는 본질적 존엄성을 가리킨다. 영혼과 '높은 통찰력'에 대한 언급은 푸펜도르프가 인간존엄성을 기독교적, 형이상학적 토대에서 아직 분리하지 않았음을 보여준다. 푸펜도르프는 다소 에둘러 표현하면서도 인간이 신의 형상을 닮았다는 기독교적 측면을 계속 이어나간다.

이처럼 본질적 존엄성에 대한 전통적 이해 외에, 푸펜도르프는 1673년에 발표한 소책자 《자연법에 따른 인간과 시민의 책임에 관하여De officio hominis et civis iuxta legem naturalem libri duo》의 두 곳에서 존엄성을 언급한다. 여기서 '디그니타스'라는 말은 사용하지 않지만 인간의 '평등'을 자연법적으로 정당화하는 맥락에서 '디그나티오dignatio', 즉 '위엄Würdigkeit'이라는 표현을 사용한다.

인간은 자기 보존만 염두에 두는 생명체가 아니다. 인간은 또한 자기 존중의 세련된 감정을 부여받았는데, 이에 대한 침해는 몸이나 재산에 손해를 입는 것 못지않게 깊은 타격을 준다. 인간이라는 말 자체에도 디그나티오(위엄)의 의미가 어느 정도 담겨 있는 듯하다. 그래서 뻔뻔한 모욕에 반박하는 궁극적이고도 효과적인 논거는 바로 다음과 같다. '나는 개가 아니라 당신과 같은 인간이다.' 따라서 오직 인간의 본성만이 동등한 방식으로 서로에게 속하며, 최소한 동일한 본성을 가진 인간으로서 다른 사람을 동등하게 보지 않는 사람과는 아무도 어울리려 하지도 않고 어울릴 수도 없다(Kap. 7, § 1).

푸펜도르프는 몇 단락 뒤에 이렇게 쓴다.

바로 동등한 권리 원칙은 분배 정의를 실천하는 임무를 가진 사람이 어떻게 행동해야 하는지도 보여준다. 그는 모두를 공평하게 대해야 하고 특별한 공적이 없는 한 누구도 다른 사람보다 우대해서는 안 된다. 그렇게 하지 않으면 뒤로 밀려난 사람은 멸시와 불의를 겪게 되고 본래 자연적으로 그에게 속한 디그나티오(위엄)를 빼앗기게 된다(Kap. 7, § 4).

두 인용문은 인간이 동료 인간과 맺는 관계에서 띠는 사회적 지위라는 외적 속성, 즉 외재적 존엄성을 다루고 있다. 푸펜도르프가 글에서 디그니타스(존엄성)가 아니라 디그나티오(위엄)라는 말을 사용한 것은 혼동을 피하기 위해서였을 것이다. 이 사회적 지위는 또한 변하는 자기 존중과 연결된다. 글에서 새롭게 드러나는 점은 인간의 '동등한 본성'에서 비롯하는 사회적 지위의 정당화, 즉 인간존엄성의 일반성과 '동등한 대우'를 목적으로 한다는 것이다. 로마의 디그니타스가 오직 특별하고 두드러진 사회적 지위였던 것과 달리 여기서는 사회적 지위와 그에 따른 인간의 위엄이 '일반적이고 동등한' 것으로 규정된다. 이런 일반성과 동등한 대우라는 요청에 대한 근거는 인간의 변하지 않는 본성에 있다. 그런데 이 근거는 당연히 사회적 지위라는 속성에도 영향을 준다. 다시 말해 사회적 지위 역시 어느 정도는 불변적일 수밖에 없는데, 다른 사람도 '개가 아니라 당신과 같은 인간'임을 고려해야 하기 때문이다. 이렇게 볼 때 푸펜도르프는 최초로 '평등적인' 인간의 '존엄성 혹은 위엄'을 제안한 셈이다. 외재적 존엄성과 마찬가지로 '평등적 존엄성'은 내적 속성이 아니라 인간이 다른 이들과 맺는 관계에서 드러나는 사회적 지위라는 외적 속성이다. 하지만 이 사회적 지위는 인간의 본성에 근거하므로 다른 사람과 비교해 특별하거나 변하기 쉬운 게 아니라 오히려 일반적이고 동등하고 변하지 않는 것으로 주장된다. 이는 내적인 자기 존중과도 연결된다. 본질적으로 동등한 사회적 지위라는 푸펜도르프의 평등적 존엄성은 이전에는 없었던 분명한 규범적 결과를 가져왔다. 즉 국가는 정당한 분배의 틀 안에서 기본적으로 모든 사람을 동등하게 대우해야 한다는 것이다.

7) 임마누엘 칸트

근대 인간존엄성의 핵심 이론가는 임마누엘 칸트였다. 칸트 저작 내에서 인간존엄성을 해석할 때는 주의가 필요하다(Dietmar von der Pfordten, Zur Würde des Menschen bei Kant 참조). 인간존엄성은 1785년 《윤리형이상학 정초》에서 뚜렷하게 나타난다. 그러나 1788년 《실천이성비판》에서는 단 두 차례 지엽적 언급만 나오며, 1793년 《이성의 한계 내에서의 종교》에서도 사정은 마찬가지다. 이어지는 정치철학적 저작들, 즉 1793년 《이론에서는 옳을지 모르지만 실천에는 쓸모없다고 하는 속설》, 1795년 《영구 평화론》, 1797년 《법이론의 형이상학적 기초원리》(《윤리형이상학》의 첫 번째 부분) 등에서는 본질적 존엄성 개념이 전혀 나타나지 않는다. 이 개념은 개인의 윤리를 다룬 1798년 《덕이론의 형이상학적 기초원리》

《윤리형이상학》의 두 번째 부분)에서부터 다시 자주 쓰이기 시작한다.

칸트의 실천철학에서 인간존엄성 개념은 의지, 명령, 준칙, 법칙, 일반성, 자유와 같은 중심 구성 요소는 아니다. 게다가 칸트는 1785년 《윤리형이상학 정초》에서 인간존엄성 개념을 상당히 늦게 언급한다. 흔히 잘못 알려진 바와 같이 두 번째 정식, 즉 목적과 수단의 정식에서가 아니라 칸트는 이를 '정언명령의 세 번째 정식'에서 언급한다. 정언명령의 기본 형식은 다음과 같다(이하 인용은 《윤리형이상학 정초》(백종현 옮김, 아카넷, 2006)의 번역을 따랐다-옮긴이). "(…) 그 준칙이 보편적 법칙이 될 것을, 그 준칙을 통해 네가 동시에 의욕할 수 있는, 오직 그런 준칙에 따라서만 행위하라"(S. 421). 세 가지 구체적 정식은 다음과 같다.

1) (…) 마치 너의 행위의 준칙이 너의 의지에 의해 보편적 자연법칙이 되어야 하는 것처럼, 그렇게 행위하라(S. 421).

2) (…) 네가 너 자신의 인격에서나 다른 모든 사람의 인격에서 인간(성)을 항상 동시에 목적으로 대하고, 결코 한낱 수단으로 대하지 않도록, 그렇게 행위하라(S. 429).

3) (…) 한낱 가능한 목적들의 나라를 위한 일반적으로 법칙 수립하는 성원의 준칙들에 따라 행위하라는 저 법칙은 완전한 효력을 지닌다. 왜냐하면 그것은 정언적으로 지시명령하기 때문이다. 그리고 여기에 바로 다음의 역설이 있다. 즉, 한낱 이성적 자연존재자로서 인간임의 존엄성은, 그를 통해 도달되어야 할 어떤 다른 목적이나 이익 없이, 그러니까 순전한 이념에 대한 존경이, 그럼에도 의지의 소홀히 할 수 없는 규정으로 쓰여야만 한다는 것, (…) (S. 439).

앞의 인용에서 보듯 존엄성이라는 개념은 세 번째 정식, 즉 목적들의 나라 정식에서야 비로소 언급된다. 칸트가 《윤리형이상학 정초》에서 인간의 존엄성을 두 번째 정식, 즉 자기 목적적 이념이 아니라 오직 목적들의 나라에서 인간의 '자기 법칙 수립적 이념'과 연결했다는 점은 분명하다.

그러므로 이성은 의지의 각 준칙을 보편적으로 법칙 수립하는 것으로 모든 타자의 의지에 관계시키고, 또한 자기 자신에 대한 모든 행위에도 관계시킨다. 이성이 이와 같은 일을 하는 것은 어떤 다른 실천적 동인이나 장래의 이익 때문이

아니라, 동시에 자기에게 세우는 법칙 이외의 어떤 것에도
복종하지 않는 이성적 존재자의 존엄성의 이념 때문에 그렇
게 하는 것이다(S. 434).

칸트는 인간존엄성을 가격과 대비시키며 인간존엄성이
자기 목적성의 조건이라고 분명히 밝힌다.

목적들의 나라에서 모든 것은 가격을 갖거나 존엄성을 갖는
다. 가격을 갖는 것은 같은 가격을 갖는 다른 것으로 대치
될 수 있다. 이에 반해 모든 가격을 뛰어넘는, 그러니까 같은
가격을 갖기를 허용하지 않는 것은 존엄성을 갖는다. (…) 그
러나 그 아래에서만 어떤 것이 목적 그 자체일 수 있는 그런
조건을 이루는 한 상대적 가치, 다시 말해 가격을 갖는 것이
아니라 내적 가치, 다시 말해 존엄성을 갖는다(S. 434f.).

개별 인간의 자기 법칙 수립은 이제 명백히 핵심에서 변
하지 않는 내적이고 필연적인 인간의 속성이다. 이렇게
칸트는 본질적 존엄성을 발전시켰으며, 이전의 기독교
사상가들이 인간존엄성을 영혼의 실체, 신에 의한 인간
창조, 신의 형상과 결부시켰던 데서 벗어났다. 이제 오

직 이성과 자유라는, 비종교적으로도 해석 가능한 인간의 속성과의 연관성만 갖게 되었다.

정언명령의 세 번째 정식은 앞서 언급한 다른 정식들과 비교할 때 네 가지 특징이 있다. 첫째, 목적들의 나라에는 구성원으로서 이성적 존재 외에도 우두머리(신)가 존재한다. 우두머리는 그 자체로 법칙 수립적이면서도 다른 이성적 존재의 의지에, 정언명령에 종속되지 않는다. 둘째, 목적들의 나라는 다른 정식들과 달리 '이념'으로 규정된다. 셋째, 세 번째 정식은 전체성 범주와 동일시된다. 마지막으로 첫 번째와 두 번째 정식과 달리 세 번째 정식에서는 구체적 적용 사례가 제시되지 않는다. 그 이유는 모든 법칙 수립적 존재를 포함해 신까지 고려해야 하는 목적들의 나라라는 이념이 인간과 같은 유한한 이성적 존재에게는 사실상 불가능하므로 구체적 개별 사례에서 행위나 준칙을 판단하는 데 적용될 수 없기 때문일 것이다. 여기서 중요한 점은 칸트가 인간존엄성을 자기 법칙 수립으로 규정함으로써 결정적 발전을 이루었다는 사실이다. 인간존엄성은 이제 세계 법칙이나 신의 창조, 신이 형상과 같은 외적 정당화에 의존하지 않는다. 그 대신 자율, 자기 결정, 더 정확히는 자기 법칙 수립, 나아가 자기 법칙 수립 능력으로 이해된다. 따라서 인간존엄성은 내적이고 필연적이고 변하지 않는 속성으로, 즉 본질적 존엄성의 의미로 파악될 뿐 아니라 그 규범의 원천을 개별 인간 존재의 내부에서도 찾게 된다.

하지만 칸트가 규정한 인간존엄성은 네 가지 한계를 지닌다. 첫째, 그것은 단지 하나의 이념에 불과하다. 그리고 이념이란, 칸트에 따르면 "일치하는 대상이 감관에서 주어질 수 없는 필연적 이성 개념을 의미한다"(Immanuel Kant, Kritik der reinen Vernunft, S. 254). 둘째, 인간의 존엄은 오직 신과 더불어 목적들의 나라 안에서만 성립한다는 점에서 여전히 종교적 혹은 신 중심적 색채가 남아 있다. 셋째, 이성적 존재의 공동체 내에서 사회적 지위, 즉 외재적 존엄성 또한 일정 부분 남아 있다. 마지막으로 칸트의 목적들의 나라라는 이념은 그 자체로 내용상 논쟁의 여지가 있다.

주목할 만한 점은 칸트가 법철학과 정치철학에서는 본질적 존엄성을 단 한 번도 언급하지 않았다는 사실이다. 그 이유는 아마도 칸트가 행복과 정의 같은 모든 실질적 규정, 더 나아가 자유라는 유일한 권리를 제외한 구체적 인권까지 정치철학의 틀 내에서 모두 배제했기 때문일 것이다. 인간존엄성은 1798년《덕이론의 형이상학적 기초원리》(다음 인용은《윤리형이상학》(백종현 옮김, 아카넷, 2023)의 번역을 따랐다-옮긴이)에서야 비로소 다시 나타난다. 여기서 이제 자기 목적성의 의미로의 이행이 이루어진다.

사람은 누구나 자기 이웃사람으로부터 존경을 요구할 정당한 권리를 가지며, 교호적으로 그 또한 타인 누구에 대해서나 그런 책무를 진다. 인간성 자체는 존엄하다. 왜냐하면 인간은 어떤 인간에 의해서도(즉 타인에 의해서도 또 자기 자신에 의해서라도) 한낱 수단으로 사용될 수 없고, 항상 동시에 목적으로 대해져야 하며, 여기에 바로 그의 존엄(인격성)이 성립하기 때문이다. 이로써 그는 인간 이외의 사용 가능한 다른 모든 세계존재자를, 그러니까 모든 물건들을 능가한다(S. 462).

칸트가 인간존엄성 개념을 세속화하여 그 종교적 뿌리로부터 분리해낸 작업은 다른 나라에서는 큰 공감을 얻지 못했다. 예를 들어 영미권 국가들도 그렇고, 이탈리아와 같이 가톨릭 전통이 강한 지역에서도 마찬가지였다. 이들 나라에서 인간존엄성 개념은 여전히 종교적 혹은 신 중심적 개념으로 받아들여졌다. 그래서 이탈리아에서는 독일과 달리 1947년 새 헌법에서 인간존엄성 개념이 주요하게 포함되지 않고 종속적 역할만 한다.

칸트 이후의 고전 독일 철학자, 가령 피히테와 헤겔, 셸링 등은 인간존엄성 개념을 거의 계승하지 않았으며, 설령 언급하더라도 대개 인간의 자기 결정이나 자기 법칙 수립이라는 의미에서는 다루지 않았다. 칸트의 후계자들은 칸트적 개념 적용에 별다른 의미를 두지 않았던 것으로 보인다. 오히려 헤겔처럼 종종 훨씬 더 종교적 해석으로 되돌아가는 경향도 적지 않게 보인다(Georg Wilhelm Friedrich Hegel, Vorlesungen über die Philosophie der Religion, S. 301). 이는 칸트의 인간존엄성 이해가 19세기 세속적 인권 운동에 당장은 영향을 미치지 못한 이유를 설명해준다.

8) 프리드리히 폰 실러

칸트에게서 영향을 받아 인간존엄성 개념을 의미 있게 본격적으로 다룬 사람은 젊은 프리드리히 실러뿐이었다. 실러는 특히 1793년에 쓴 미학 논문 〈우미와 존엄〉에서 이를 집중적으로 논했다. 실러에게 우미優美란 "마음을 움직이는 아름다움"인데, 이는 "아름다운 영혼"에 의해 움직이는 것이다. 다만 이 우미는 자연적으로 주어진 아름다움이 아니라 자유로운 주체가 자기 자신을 표현하는 방식으로 만들어낸 것이다. 따라서 우미는 필연적인 것이 아니라 변할 수 있는 것이다. 실러는 우미와 존엄을 모두 우연성과 표현의 차원에서 동일시한다. "우미가 아름다운 영혼의 표현이라면, 존엄은 고상한 신념의 표현이다"(S. 410). 존엄은 실러에게 충동에 반하는 인간 정신의 자유를 의미한다. 존엄은 현상 속에 나타나고 우미와 마찬가지로 고양될 수 있다. 따라서 실러는 존엄성을 내적이고 핵심에서 변하지 않는 자기 입법 혹은 자기 목적성으로 규정했던 칸트의 입장을 포기한다. 칸트에게 덕성의 필연적 핵심이었던 존엄성은 실러에게서 그 변화 가능한 표현이 되었다.

고상한 신념의 변화 가능한 '표현'으로서 존엄성을 이해하는 이런 미학적 관점이 칸트에게 지지를 얻기는커녕 뚜렷한 실천적, 정치적 효과도 발휘하지 못한 것은 결코 놀라운 일이 아닌데, 본질적으로 규범적 의무능력이 그런 표현과 결합할 수 없었기 때문이다.

실러는 나중에 인간존엄성에 관한 다음과 같은 유명한 경구를 남겼다. "그만하라, 제발. 먹을 것을 주고, 살 곳을 마련해주라. 헐벗음을 가려주면 존엄은 절로 따라온다"(Friedrich von Schiller, Epigramme, S. 725). 이 말은 19세기에 사회주의 운동의 대표자들이 내세운 '인간다운 현존', 즉 경제적 존엄성 조건에 대한 요구를 예고하는 듯하다. 아울러 실러의 경구에는 분명 회의적 어조가 배어 있었는데, 이런 회의는 비단 실러만의 것이 아니었다.

9) 벤담, 쇼펜하우어, 니체

18세기 말부터 일부 철학자들은 인간존엄성에 대해 비판적 목소리를 내기 시작했다.

비록 인간존엄성을 직접 겨냥한 것은 아니었지만 제러미 벤담도 그중 하나였다. 벤담은 공리주의의 창시자다. 공리주의에 따르면 법과 정치는, 그리고 이후 존 스튜어트 밀에 이르러서는 윤리 전체가 '최대 다수의 최대 행복'이라는 원칙을 따라야 했다. 개개인의 쾌락과 고통은 사회 전체의 행복과 함께 계산해야 했다. 이런 윤리에서는 개인의 권리가 설 자리는 없었다. 이에 따라

1795년에 벤담은 프랑스 인권선언과 자연권을 '과장된 호언장담'이라고 비난했다. "자연권은 그저 허튼소리다. 자연적 불가침의 권리는 수사학적 허튼소리, 과장된 호언장담이다"(Jeremy Bentham, Nonsense upon Stilts, Art. 2, S. 330). 이는 곧 인간존엄성에 대한 비난이나 다름없다.

아르투르 쇼펜하우어는 칸트를 존경했다. 그러나 윤리학에서는 독자적 길을 걸었다. 쇼펜하우어는 칸트의 의무론적 윤리에 아무런 근거가 없다고 보았다. 쇼펜하우어는 칸트와 달리 급진적인 동정심의 윤리를 주장했다. 인간존엄성에 대해서도 쇼펜하우어는 1841년에 칸트를 향해 격렬한 비판을 쏟아냈다.

일단 '인간의 존엄성'이라는 표현은 칸트가 한번 입에 담은 이후로 경솔하고 무책임한 도덕주의자들의 상투어가 되어 버렸다. 도덕주의자들은 도덕의 실질적 혹은 최소한의 어떤 의미 있는 근거도 갖추지 못한 자신들의 부족함을 '인간의 존엄성'이라는 얼핏 감명을 주는 표현 뒤에 숨겼으며, 독자 역시 그런 존엄성을 부여받은 양 보이기를 기꺼이 원하고 그로 인해 만족하리라 간교하게 계산한 것이다(Arthur Schopenhauer, Preisschrift über die Grundlage der Moral, S.

695).

니체는 1872년에 남긴 유고 〈씌여지지 않은 다섯 권
의 책에 대한 다섯 개의 머리말: 3. 그리스 국가〉에서 인
간존엄성 개념을 충동에 사로잡힌 필연적 삶을 숨기기
위한 개념에 불과하다고 보았다(다음 인용은《니체 전집 3:
유고(1870년~1873년)》(이진우 옮김, 책세상, 2001)의 번역을 따랐다-
옮긴이).

신세대인들인 우리는 그리스인들보다 두 가지 개념을 더 가
지고 있는데, 이 개념들은 말하자면 완전히 노예처럼 행동
하면서도 '노예'라는 낱말을 두려워하고 피하는 세계를 위
로하는 수단으로 주어져 있다. 우리는 '인간의 존엄'과 '노
동의 존엄'에 관해 말한다. 이 가련한 삶이 가련하게나마 뿌
리를 내리도록 모든 것이 온갖 애를 쓴다. 이 끔찍한 궁핍
이 소모적인 노동을 강요하지만, '의지'에 홀린 인간—아니
더 정확하게 말하자면—인간 본능은 이따금 이 노동을 가
치 있는 것이라 경탄해 마지않는다. (…) 인간의 존엄, 노동
의 존엄과 같은 허깨비들은 자기 자신 앞에서 스스로를 감
추는 노예제도가 만들어낸 빈약하기 짝이 없는 산물이다(S.

764f.).

여기서 니체는 명백히 노동하는 인간의 사회적 지위에 따라 변하는 존엄성, 즉 외재적 존엄성을 비판하고 있다.

10) 라살레와 초기 사회주의

19세기에는 유물론적 성향을 지닌 사상가들이 점차 칸트나 헤겔이 주장한 인간에 대한 관념론적 이해를 공격했다. 이에 따라 사회주의 운동의 대표자들은 '인간다운 현존'을 요구했다. 이로써 본질적 존엄성과 평등적 존엄성, 외재적 존엄성의 실현은 외적 조건, 특히 경제적 혹은 물질적 전제 조건, 즉 '경제적 존엄성 조건'에 의존하게 되었다.

페르디난트 라살레는 1862년《노동자 강령》에서 노동자와 소시민은 국가가 자신들의 '인간다운 현존'을 돕도록 기대할 수 있다고 주장했다.

노동자와 소시민, 한마디로 무산계급은 국가에 노동계급의 고통스럽고 궁핍한 처지를 개선하도록 요구할 권리가 있다. 노동계급은 손으로 모든 부를 생산하고 우리의 문명을 풍요

롭게 하고 모든 생산물을 만들므로 노동계급 없이는 전체 사회가 하루도 존속할 수 없다. 따라서 노동계급에게 풍부하고 확실한 임금을 얻게 하고 나아가 정신 교육의 기회를 보장하여 인간다운 현존에 이르게 국가가 총력을 다하도록 요구할 권리가 있다는 것이다. 그러나 노동계급이 이러한 요구를 국가에 제기하고 이를 국가의 진정한 목적이라고 제시할 권리가 있다 할지라도 일단 획득한 모든 합법적 소유는 완전히 불가침의 것이고 정당하다는 점을 노동자는 결코 잊어서는 안 되고 절대 잊지도 않을 것이다(S. 26).

여기서 말하는 '인간다운 현존'은 물질적, 경제적 재화에 그 바탕을 둔다. 하지만 이 외적인 경제적 재화는 정신 교육을 가능하게 하며, 또 정신 교육은 비로소 인간다운 현존을 가능하게 한다. 따라서 물질적 재화는 인간다운 현존의 조건이다. 인간다운 현존은 외적 속성에만 한정되지 않고 적어도 정신적, 곧 내적 요소까지도 포함한다. 이는 또한 '현존Dasein'이라는 실존적 표현이 가리키는 바에서도 드러난다. 앞의 인용은 노동자와 소시민을 언급하며 사회적 지위로서 존엄성 또한 암묵적으로 다루고 있다. 그런 의미에서 '인간다운 현존'이라는 표현은 외재적 존엄성, 평등적 존엄성, 본질적 존엄성 사이에 있다. 이는 앞서 언급한 인간존엄성의 (부분)개념 가운데 네 번째, 즉 '경제적 존엄성 조건'을 가리킨다.

11) 1945년 이전의 헌법들

1789년 프랑스의 '인간과 시민의 권리 선언' 제6조 제4문은 국가의 '존엄dignités', 즉 고위층과 공적 지위가 모든 시민에게 오직 성과와 재능에 따라 개방되어야 한다고 규정하며 기회균등을 의무화했다. 하지만 이 기회균등 자체를 (외재적) 존엄성의 한 측면으로 명시하지는 않았다. 이에 반해 1849년 3월 28일에 공표된 독일제국의 프랑크푸르트 헌법(파울교회 헌법)은 단 하나의 지위와 관련하여 불평등한 규정을 두었다. "제68조 제국 수장의 지위는 통치하는 독일 제후 중 한 명에게 위임된다. 제69조 이 지위는 이를 위임받은 제후의 가문에서 세습된다." 이 외에도 국민의회의 논의와 초안에는 인간존엄성을 제국의 프랑크푸르트 헌법에 포함하자는 제안이 있었다. 흥미롭게도 이 제안은 이미 외재적 존엄성 개념으로서 "인간 또는 재판관으로서의 존엄"과 "인간다운 현존의 보호"라는 표현과 함께 경제적 존엄성 조건으로 제안되었다(Jörg-Detlef Kühne, Die Reichsverfassung der Paulskirche, S. 356, 570 Fn. 97). 그러나 최종 법안에서 두 제안이 모두 관철되지 못했다.

인간존엄성이 처음으로 헌법에 명시된 것은 1919년 독일제국의 바이마르 헌법에서였다. 하지만 이는 단지 '인간다운 현존', 즉 경제적 존엄성 조건의 의미에서 좀 더 약한 공식화로 표현되었다. "경제생활의 질서"라는 제목 아래 제151조 제1항은 이렇게 규정하고 있다. "경제생활의 질서는 모두에게 인간다운 현존을 보장하는 것을 목적으로 하고 정의의 원칙에 합당해야 한다. 개인의 경제적 자유는 이 한계 내에서 보장된다." 이 조항은 1848/1849년 파울교회 헌법에 대한 두 번째 제안과 1862년 라살레의 《노동자 강령》에 나오는 '인간다운 현존'을 공식화한 것이다. 하지만 라살레가 내세운 '정신 교육'의 목표는 더는 언급되지 않고, 그 대신 '정의의 원칙'이 추가되었다. 규정이 "경제생활의 질서"라는 제목 아래 놓인 것을 고려하면 경제적 존엄성 조건의 공식화는 사회적 지위라는 외적이고 변화 가능한 속성의 전제 조건을 가리킨다고 보아야 한다. 따라서 이는 외재적 또는 평등적 존엄성에 해당한다. 바이마르공화국에서는 제151조 제1항이 단순한 강령인지, 아니면 실제로 법적 규정인지를 둘러싸고 논쟁이 있었다. 어쨌든 이 조항은 큰 효력을 발휘하지 못했다.

1933년 포르투갈 헌법이 제6조 제3항에서 인간존엄성을 이미 공식화했다는 견해(Horst Dreier, GG, Art. 1, Rn 21; Paul Tiedemann, Menschenwürde als Rechtsbegriff, S. 10)를 문헌에서 심심찮게 볼 수 있는데, 이는 사실이 아니다. 1933년 4월 11일에 공표된 포르투갈 헌법은 단지 "인간적으로 충분한 생활existencia humanamente suficiente"만을 언급했을 뿐이다. "인간존엄성dignidade humana"이라는 단어는 1951년 7월 11일 헌법 개정 과정에서 비로소 포함되었다.

인간존엄성을 '인간다운 현존'의 공식화와 축소된 경제적 존엄성 조건으로만 인정한 것이 아니라 내적이고 핵심에서 변하지 않는 속성의 본질적 존엄성 형태도 인정한 최초의 헌법은 1937년 아일랜드공화국 헌법이다. 그 전문前文은 다음과 같다(전문 인용은 《세계의 헌법: 40개국 헌법 전문》 제2권(국회도서관 옮김, 2025, 국회도서관)을 따랐다-옮긴이).

모든 권한의 원천이자, 우리의 최종 목적으로서, 인간과 국가들의 모든 행위가 의지해야 할 가장 거룩하신 삼위일체의 이름으로 에이레Éire(아일랜드. 아일랜드 고유어인 게일어 명칭-옮긴이)의 국민인 우리들은 우리 선조들로 하여금 수 세기의 시련을 견디게 하신 성스러운 주 예수 그리스도에 대한 우리의 모든 의무를 겸손히 인정하고 우리 국가의 정당한 독립을 회복하기 위한 선조들의 용맹스럽고 부단한 노력을 감사한 마음으로 상기하며 개인의 존엄과 자유의 보장, 진정한 사회질서의 확립, 국가 통일의 회복, 다른 국가들과의 조화를 이루기 위해 사리 분별, 정의 및 자애를 마땅히 준수하고 공익의 촉진을 모색하면서 (…).

표현에서 알 수 있듯이 삼위일체에 대한 언급을 통해 기독교적 기초가 명확히 드러난다. 사리 분별, 정의, 자애라는 덕목을 앞세운 것은 인간의 내적 속성이 지칭되고 있음을 보여준다. 이 내적 속성은 국가에 의해서만 보장되며, 핵심에서 언제나 이미 존재하고(우리가 그렇게 가정해야 한다) 따라서 변하지 않는다. 그러므로 아일랜드 국민 혹은 아일랜드 헌법을 제정한 사람은 본질적 존엄성을 처음으로 헌법에 명문화한 역사적 공로가 있다. 아

일랜드 헌법의 이 전문은 오늘날까지도 효력을 발휘하
고 있다.

12) 1945년 국제연합헌장과 1948년 세계인권선언

제2차 세계대전 전후 일어났던 거대한 국가 범죄를
겪은 뒤 1945년 국제연합을 창설하면서 국가권력 행사
의 절대적 한계로서 인간을 인정하는 권리를 찾고자 했
다. 그 권리는 인간의 핵심에서 변하지 않고 필연적인
속성, 즉 본질적인 '인간 인격의 존엄성'에서 찾을 수 있
었다. 1945년 6월 26일에 채택한 '국제연합헌장'(다음 인
용은 국가법령정보센터 홈페이지(www.law.go.kr)에서 제공하는 번
역을 따랐다-옮긴이)은 이를 위한 이정표였다. 아일랜드 헌
법에서처럼 인간존엄성은 헌장 전문에 명문화되었다.
하지만 이번에는 기독교나 다른 종교에 대한 언급을 배
제한 채 오직 인간의 인격만을 근거로 삼았다. 이로써
인간존엄성이 전 지구적으로 승승장구할 수 있었다.

우리 연합국 국민들은 우리 일생중에 두 번이나 말할 수 없
는 슬픔을 인류에 가져온 전쟁의 불행에서 다음 세대를 구
하고, 기본적 인권, 인간의 **존엄** 및 가치, 남녀 및 대소 각국

의 평등권에 대한 신념을 재확인하며, 정의와 조약 및 기타
국제법의 연원으로부터 발생하는 의무에 대한 존중이 계속
유지될 수 있는 조건을 확립하며, 더 많은 자유 속에서 사회
적 진보와 생활수준의 향상을 촉진할 것을 결의하였다. (…)
(강조는 필자)

1948년 12월 10일, 국제연합 총회는 마침내 '세계인권
선언'을 채택했다. 이는 국제법적으로 구속력이 없는 결
의안이었다. 이 세계인권선언에서는 본질적 존엄성이 전
문과 제1조에서 세 차례나 등장한다. 따라서 인간존엄
성의 존재와 우선적 우위는 국제연합헌장에 비해 한층
더 강화되었다(Tore Lindholm, A new Beginning, S. 32ff. 참조).

전문

모든 인류 구성원의 내재한 존엄성과 동등하고 양도할 수
없는 권리에 대한 인정이 세계의 자유와 정의와 평화의 기
초이며 (…) 국제연합의 여러 국민은 그 헌장에서 기본적
인권, 인간과 인격의 존엄성과 가치, 남성과 여성의 동등한
권리에 대한 믿음을 새롭게 재확인했으며, 더욱 폭넓은 자
유 속에서 사회적 진보와 생활수준의 개선을 촉진하기로

결정했고, (…) 이에 국제연합 총회는 본 세계인권선언을 선
포한다.

제1조
모든 사람은 태어날 때부터 자유로우며 존엄성과 권리에 있
어서 동등하다. 사람은 이성과 양심을 부여받았으며 서로에
게 형제애의 정신으로 대하여야 한다.

이러한 명시적 언급의 강화와 더불어 내용적 강화 또
한 뒤따랐다. 첫 문장에서 '존엄성' 앞에 '내재한'을 덧
붙임으로써 여기서 말하는 인간존엄성이 '내적 속성'임
을 분명히 드러냈다. 그리고 제1조에서 인간존엄성이 타
고난 것이라는 지적은 핵심에서 '변하지 않고 필연적이
고 일반적인' 속성으로서, 후천적으로 얻지도 잃을 수
도 없다는 점은 분명히 한다. 이로써 처음으로 하나의
법적, 정치적 문서에서 내적이고 양도할 수 없는 인간존
엄성, 즉 본질적 존엄성이 분명하게 의무적 규범으로 선
언되었다.

하지만 세계인권선언은 본질적 존엄성을 앞세우는 데
그치지 않는다. 세계인권선언은 제22조와 제23조에서

인간존엄성을 추가로 보장한다. 제22조는 사회보장권에 이어 "모든 사람은 자신의 존엄과 인격의 자유로운 발전에 불가결한 경제적, 사회적, 문화적 권리를 향유할 권리를 가진다"라고 규정하고 있다. 제23조 제3항은 일하는 모든 사람은 자신과 가족에게 인간존엄성에 걸맞은 생계를 보장하는 공정하고 유리한 보수를 받을 권리를 가지며, 필요하면 다른 사회적 보호 조처로 이를 보완받을 권리를 가진다고 명시하고 있다. 제22조가 본질적 존엄성의 실현을 언급하고 있다면 제23조는 외재적 존엄성과 평등적 존엄성의 실현과 더 밀접하게 관련되어 있다. 결국 두 조항 모두 인간존엄성의 전제 조건, 즉 경제적 존엄성 조건을 명문화한 것이다. 따라서 이 두 조항은 '인간다운 현존'이라는 표현을 잇는 전통에 서 있다. 이처럼 세계인권선언은 헌법이나 국제법적 선언을 통틀어 인간존엄성을 가장 상세하고 포괄적으로 보호하는 규정을 담고 있다.

그런데 1950년 유럽인권조약에서 인간존엄성이 언급되지 않았다는 사실은 의아한 일이다. 이는 영국의 강력한 영향력 때문인 것으로 짐작할 수 있다. 영국은 벤담과 밀 이래로 뿌리 깊은 공리주의 전통 때문에 인간존엄성 개념에 대체로 회의적이었고 지금도 그렇다(Philipp Gisbertz-Astolfi, Menschenwürde in der angloamerikanischen Rechtsphilosophie, S. 341ff. 참조). 하지만 유럽인권조약이 인간존엄성에 대한 본질적이고 구체적인 침해, 즉 고문, 노예제도, 강제 노동을 금지하고 있다는 점은 덧붙여져야 한다. 또한 2002년에 채택된, 일부 최초 서명 국가들이 비준하지 않은 제13차 추가의정서는 사형의 전면 폐지를 규정하며 다음과 같이 명확하게 표현하고 있다. "민주사회에서 모든 인간의 생명권은 기본 가치며, 사형 폐지는 이 권리 보호와 모든 인간에게 내재한 존엄의 온전한 인정을 위해 본질적으로 중요하다." 여기서 '내재한'이라는 말로 내적이고 변하지 않는, 즉 본질적 존엄성을 명확히 언급하고 있다. 유럽인권재판소 역시 인간존엄성을 계속해서 언급해왔다. 마지막으로 인간존엄성은, 예를 들어 1997년 '인권과 생의학에 관한 협약'의 전문과 제1조에서도 언급되고, 보호받는다. 다시 말해 인간존엄성은 이제 전 유럽 차원에서 법적으로 인정받고 있다.

13) 독일의 저항운동, 주州 헌법, 1949년 기본법

인간존엄성은 이미 크라이자우어서클Kreisauer Kreis(나치 독일에 저항하던 비밀 단체-옮긴이)의 저항운동에서부터 나치 독재가 무너진 뒤 독일을 새로이 재편하는 데 기본 가치로 인정받았다. 이 저항 단체를 결성한 헬무트 폰 몰트케 백작의 초안에는 다음과 같은 요구가 담겼다. "1. 자유로운 양심의 결정을 향한 전체주의적 간섭을 타파하고 인간 인격의 침해할 수 없는 존엄성을 인정한다"(Ger Van Roon, Neuordnung im Widerstand, S. 551. 또한 S. 199, 202, 346, 417, 548, 566, 593 참조).

1945년 이후 독일의 주 헌법은 먼저 나치 범죄에 대응하여 인간존엄성을 보장하는 조항을 담았다. 예를 들어 바덴뷔르템베르크(전문), 헤센(제3조, 제27조, 제30조), 바이에른(전문, 제100조, 제131조, 제164조, 나중에는 제111조 제a항), 라인란트팔츠(전문, 제51조 제1항(2000년에 개정)), 브레멘(전문, 제5조, 제26조, 제52조), 자를란트(전문(1956년에 삭제), 제1조) 등이 그러하다. 이에 반해 영국 점령지에 속한 함부르크, 니더작센, 노르트라인베스트팔렌, 슐레스비히홀슈타인은 점령군의 영향 아래 처음에는 자체 헌법을 제정하지 않았다.

하지만 독일에서 인간존엄성은 무엇보다도 1949년 5월 23일 기본법Grundgesetz(독일에서는 헌법을 통상 '기본법'이라고 부른다-옮긴이) 제1조에 명문화되면서 본질적으로 보호받게 되었다.

제1항 인간존엄성은 침해될 수 없다. 모든 국가권력은 인간존엄성을 존중하고 보호할 의무를 진다.
제2항 그러므로 독일 국민은 침해할 수 없고 양도할 수 없는 인권을 세계 모든 인류 공동체와 평화 및 정의의 기초로 인정한다.
제3항 다음의 기본권은 직접적 효력을 갖는 권리로서 입법권, 행정권, 사법권을 구속한다.

여기서 말하는 존엄이 어떤 의미인지는, 1948년 9월 23일 의회평의회 기초위원회에서 훗날 연방 대통령이 된 테오도르 호이스와 카를로 슈미트가 벌인 논의가 유익한 단서를 제공한다(Der Parlamentarische Rat 5 I, S. 72). 슈미트는 제1조의 문구로 "인간 현존재의 존엄성Würde des menschlichen Daseins"을 제안했다. 이에 대해 호이스는 "인간 본질의 존엄성Würde des menschlichen Wesens"을 주장하며 반대했다. 호이스는 '현존재'란 "식물적이고 생물적인 것"에 불과하다고 보았다. 호이스에 따르면 존엄성은 "[인간] 그 자체 내에" 존재한다. 따라서 호이스가 염두에 둔 것은 분명 인간의 내적이고 변하지 않는 속성으로서 본질적 존엄성이었다. 이후 호이스의 제안을 약간 수정하여 "인간의 존엄성"이라는 표현이 채택되었다. 이로써 인간의 내적이고 핵심에서 변하지 않는 속성으로서 본질적 존엄성이 명문화된 것이다. 이는 인간 존엄성을 "침해할 수 없는 것"으로 규정함으로써 명확해진다. 본질적 존엄성이라는 내적이고 변하지 않는 속성만이 침해할 수 없는 것이 될 수 있기 때문이다. 그에 반해 인간의 외적인 사회적 지위와 같은 외재적 존엄성은 변할 수 있고 따라서 얼마든지 침해받을 수 있다. 기본법이 본질적 존엄성을 언어로 명백히 보호하고 있는 만큼 제1조에는 외재적 존엄성과 평등적 존엄성 조건 또는 경제적 존엄성 조건까지 포함해 보호하려는 뜻이 있다고 보아야 한다. 나치의 범죄를 고려할 때 인간존엄성의 네 가지 (부분)개념 모두를 포괄적으로 보호하고자 했다고 보아야 할 것이다.

주목할 만한 점은 기본법이 헤센, 바이에른, 브레멘의

주 헌법과 달리 바이마르 헌법 제151조 제1항의 '인간다운 현존'에 관한 규정을 더는 계승하지 않았다는 사실이다. 그 이유는 기본법에는 단순히 강령적 조항이 아니라 구속력이 있는 법적 보장만 담아야 한다고 보았기 때문이다.

의회평의회는 인간존엄성과 인권의 관계에 대해서도 논의했다. 제2항의 최종 문구에서는 인간존엄성과 인권 사이의 추론 관계를 '그러므로darum'라는 단어로 분명히 규정했다. 그러나 이 표현은 명확하지 않다. '그러므로'가 제1항 첫 번째 문장의 인간존엄성 자체를 가리키는지, 아니면 두 번째 문장의 인간존엄성을 존중하고 보호할 의무를 가리키는지, 혹은 두 문장 모두를 가리키는지(이것이 가장 가능성이 높다) 분명히 밝혀져 있지 않기 때문이다. 나아가 언어적으로도 인간존엄성 자체가 주체적인 기본권인지, 아니면 다른 기본권들의 근거가 될 뿐인지 명확하게 드러나 있지 않다.

연방헌법재판소는 인간존엄성의 존중과 보호가 기본법의 헌정 원리 가운데 하나라고 밝혔다(BVerfGE 45, 227f.). 자유로운 인간의 인격과 그 존엄성은 헌정 질서 내에서 최고의 법적 가치를 차지한다.

국가권력은 모든 형태에서 인간의 존엄성을 존중하고 보호할 의무가 있다. 이는 자유롭게 자신을 결정하고 발전시키려 하는 정신적, 도덕적 존재로서 인간에 관한 이해를 바탕으로 한다. (…) 따라서 인간을 국가의 단순한 객체로 만드는 것은 인간의 존엄성에 반한다. '인간은 항상 그 자체로 목적이어야 한다'는 문장은 모든 법 영역에 제한 없이 유효하다. 인간이 인격으로서 가지는 상실 불가능한 존엄성은 바로 그가 스스로 책임을 지는 인격체로서 인정받는 데 있기 때문이다.

인간을 정신적, 도덕적 존재로 명명하고 자기 결정의 자유를 강조함으로써 연방헌법재판소는 기본법 제1조의 인간존엄성을 인간의 내적이고 변하지 않는 속성이라는 의미에서 본질적 존엄성으로 분명히 해석했다. 본질적 존엄성을 구체화하는 요소로서 자기 결정이 명시되었다. 자기 결정의 내적이고 변하지 않는 속성으로서 본질적 존엄성에 관한 이런 이해에 근거하여 (결정적이게도) '두 번째 조치'로(칸트의 정언명령 두 번째 정식에 강하게 기대면서도 명시적 언급은 하지 않은 채) 인간존엄성 '침해'의 단순한 추가 기준인 완전한 도구화 금지가 언급된다(이러한 순서는 《연방헌법재판소 판례집BVerfGE》에서도 확인된다. BVerfGE 115, 119). 따라서 연방헌법재판소는 많은 이가 주장하듯이 인간존엄성을 단지 침해 행위의 관점에서만 이해한 것은 결코 아니다. 외적 침해 행위 측면만 한정해 연방헌법재판소의 견해를 단순히 '객체 공식Objektformel'(뒤리히가 칸트의 '목적과 수단의 정식'을 따라 발전시킨 법 이론적 기준이다-옮긴이)이라고 부르는 것은 대단히 오도되고 축소된 해석이다. 오히려 연방헌법재판소의 견해를 '자기 결정 공식'이라 해야 하며, 그래야 비로소 개별 침해 행위를 평가하는 두 번째 조치에서 완전한 도구화 금지, 즉 '객체 정식'으로 구체화되는 것이다(다만 연방헌법재판소가 뒤에 가서는 때때로 이를 덜 명확하게 표현하기도 했다).

내적 속성으로서 인간존엄성을 자기 결정으로 우선 해석하고 단순히 부차적 적용 차원에서 도구화 금지가 뒤따른다는 이러한 추론 관계는 1956년 튀빙겐대학 헌법학자 귄터 뒤리히의 논문 〈인간존엄성에 관한 기본권 조항Der Grundrechtssatz von der Menschenwürde〉에서도 정식화되었는데, 이 논문은 연방헌법재판소의 해석에 중요한 지침이 되었다. 뒤리히는 먼저 이렇게 주장한다. "모든 인간은 자신의 정신에 따라 인간이다. 인간의 정신은 비인격적인 자연으로부터 인간을 구별해주며, 인간이 자신의 결정에 따라 스스로를 의식하고 스스로를 규정하고 자신과 환경을 구성할 수 있게 해준다"(S. 125). 그리고 두 쪽 뒤에서야 인간존엄성에 대한 '공격'이 무엇인지 그 구체적 적용 문제를 다루는 맥락에서 "구체적 인간을 객체나 단순한 수단이나 대체 가능한 대상으로 취급하면"(S. 127)이라는 제안을 덧붙인다. 뒤리히의 제안 역시 연방헌법재판소의 판례와 정확히 같은 구조를 따른다. 다시 말해 자기 결정의 내적이고 변하지 않는 속성으로서, 즉 본질적 존엄성으로서 인간존엄성을 이해한다. 그리고 적용 기준으로서 도구화 금지는 비로소 이에 근거를 둔다.

14) 그 밖의 국제 규정

국제연합 총회의 단순한 선언에 불과한 세계인권선언은 국제법상 구속력이 없다. 그래서 각국은 이미 1947년부터 국제인권규약에 관한 협상을 시작했다. 협상은 냉전의 그림자 아래 진행되었고 1966년에야 두 규약이 채택되어 1976년에 발효되었다. '시민적·정치적 권리에 관한 국제 규약'과 '경제적·사회적·문화적 권리에 관한 국제 규약'이 그것인데, 두 규약은 모두 서두에 국제연합헌장과 인간존엄성을 언급한다.

> 국제연합헌장에서 선언한 원칙에 따라 인류 사회의 모든 구성원에게 내재한 존엄성과, 평등하고 양도할 수 없는 권리를 인정하는 것은 세계의 자유와 정의와 평화의 기초가 된다는 사실을 고려하고, 이 권리가 인간에게 내재한 존엄성에서 유래함을 인식하며 (…).

여기서 '내재한'이라는 단어를 덧붙여 내적이고 변하지 않는 본질적 존엄성을 가리킨다는 점이 분명해졌다. 세계인권선언과 달리 두 번째 언급에서는 이제 인권이 인간존엄성에서 유래한다고 강조한다. 이로써 인간존엄성을 이해하는 데 인간존엄성이 인권의 토대라는 새롭고 중요한 추가 요소가 확립된다. 그렇다고 해서 인간존엄성 자체가 인권이라는 점을 배제하지 않는다.

하지만 냉전 시기의 대립과 여러 나라의 회의적 태도는 서두의 구속력 없는 지시, 즉 '고려하라'는 지시를 넘어서는 일을 가로막았다. 두 국제 규약의 구체적이고 구속력 있는 보장 조항에 세계인권선언 제1조가 시

사한 바와 같이 인간존엄성을 포괄적으로 담아내는 일
은 좌절되었다. '시민적·정치적 권리에 관한 국제 규약'
제10조 제1항은 자유 박탈 시 존엄성 보호만 명할 뿐이
다. '경제적·사회적·문화적 권리에 관한 국제 규약' 제
13조는 존엄성을 교육목표로 규정하고 있다. 인간존엄
성은 여러 지역의 협약에도 규정되었다. 예를 들어 1978
년 7월 18일 '미주인권협약' 제5조 제2항, 제6조 제2항,
제11조에 명문화되어 있다. 1984년 12월 10일 국제연합
'고문방지협약(고문 및 그 밖의 잔혹한·비인도적인 또는 굴욕적
인 대우나 처벌의 방지에 관한 협약)' 전문은 인간존엄성을 언
급하며 인간존엄성과 인권 사이의 추론 관계를 다시금
강조했다. 하지만 지구적 차원에서 인간존엄성에 대한 포
괄적이면서도 상세하고, 국제법적으로 구속력이 있으며,
명시적인 법적 보장은 아직까지 이루어지지 않고 있다.

15) 2000년 유럽연합기본권헌장

2000년에 선포한 유럽연합기본권헌장은 유럽에서 인
간존엄성 보호의 역사에 중대한 이정표를 세웠다. 헌장
전문의 서두에는 다음과 같이 적혀 있다.

유럽 민족은 좀더 긴밀한 유럽연합을 형성하면서 공동 가치에 기초하여 평화로운 미래를 공유하기로 결의한다. 유럽연합은 그 정신적, 종교적, 도덕적 유산을 자각하면서 인간의 존엄성과 자유, 평등, 연대라는 불가분의 보편 가치를 기초로 세워진다.

더 중요한 것은, 유럽연합기본권헌장의 제1조가 "인간의 존엄성"이라는 제목 아래 독일 기본법 제1조와 같이 인간존엄성에 대한 명시적 권리 보장을 담고 있다는 사실이다. "인간의 존엄성은 침해할 수 없다. 이는 존중하고 보호해야 한다." 침해할 수 없고 따라서 핵심에서 변하지 않는 인간의 속성으로서 인간존엄성을 규정한 점과, 이 조항이 생명권, 인격과 고문 금지보다 앞자리에 놓인 점은 이 헌장에서 말하는 존엄성이 내적이고 핵심에서 변하지 않고 일반적 속성이라는 본질적 존엄성임을 분명히 한다. 이 해석은 같은 "인간의 존엄성"이라는 제목 아래 있는 제4조가 고문 금지와 더불어 비인간적이거나 굴욕적인 대우를 금지하는 규정이라는 사실로 뒷받침된다. 다시 말해 이 조항은 '존엄성'이라는 단어를 다시 쓰지 않으면서도 인간이 사회에서 차지하는 중요한 지위라는 외적이고 변하는 속성으로서 외재적 존엄성과 평등적 존엄성 또한 비인간적이고 굴욕적인 상황에서 보호한다.

제25조는 노인이 존엄하고 자립적으로 살아가며 사회, 문화 생활에 참여할 권리를 유럽연합이 인정해야 함을 규정한다. 마지막으로 제31조는 모든 노동자가 자신의 건강, 안전, 존엄성을 보장하는 노동조건을 가질 권리가 있다고 한다.

두 조항은 대체로 삶의 방식, 곧 사회적 지위라는 외적이고 변하는 속성을 다루므로 외재적 존엄성과 관련이 깊다. 하지만 본질적 존엄성의 내적 속성과의 연관성도 분명히 드러난다. 경제적 존엄성 조건 역시 여기에 포함된다고 보아야 한다.

'유럽연합조약'은 제6조 제1항에서 유럽연합기본권헌장을 직접 적용할 수 있는 유럽연합법으로 규정한다. 따라서 유럽연합의 모든 시민은 자신의 본질적 존엄성은 물론 외재적 존엄과 평등적 존엄성과 경제적 존엄성 조건에 대한 존중과 보호를 요구할 권리를 가진다. 적어도 유럽연합의 시민에게는 필자가 서문에서 언급한 인간존엄성의 승승장구가 법적, 규범적 차원에서 대체로 결실을 보았다고 할 수 있다. 하지만 인간존엄성에 대한 존중을 실질적으로 보장하는 문제는 유럽연합 안에서도, 세계의 다른 지역에서도 아직 그 목표 지점에 이르지 못했다. 가령 영국과 폴란드는 유럽연합사법재판소의 권한이 확장되거나 자신들을 상대로 새로운 권리가 청구되지 않게 추가 의정서에 미리 못박아두었다.

16) 세계 전통 속 인간존엄성

사실상 인간존엄성은 보편적으로 타당한데, 인간 누구나 자기 이익에 대한 자기 결정권과 동등한 사회적 지위를 추구하기 때문이다. 국제연합헌장과 세계인권선언은 물론 수많은 국제 조약은 인간존엄성을 널리 인정하고 있다. 그래서 이제 인간존엄성은 인류의 공동 자산이다. 다만 인간존엄성을 자각하는 사상사의 흐름은 그리스-라틴, 기독교-유대교, 유럽 사유에 중점을 두고 있다. 그렇다면 다른 사상적 전통은 없을까? 그레고어 파울은 맹자의 저작에서 '천작天爵'('하늘이 내려 준 지위')을 도덕성과 문화에 대한 불변의 능력, 곧 자기 결정의 가능성으로 파악했다(Gregor Paul, Konzepte der Menschenwürde in der klassischen chinesischen Philosophie). 이는 인간존엄성의 하나로 이해할 수 있다(본질적 존엄성). 또 '인작人爵'('왕이 내려준 지위')은 변하는 명예, 지위, 자기존중을 의미한다(외재적 존엄성). 이슬람에서는 《코란》 제17장 제70절을 여러 번역본에서 이렇게 옮긴다. "이제 우리는 진정으로 아담의 자손에게 (인간)존엄성을 부여했고 (…) 우리의 창조물 중 그 어떤 것보다 더 많이 은총을 베풀었다." 여기서도 인간은 기독교-유대교의 전통과 유사하게 신에게 존귀함을 받는 존재로 이해된다. 또한 국제연합 세계인권선언을 제정하는 데 한 중국인과 한 레바논인(장펑춘張彭春과 찰스 말리크Charles Malik를 가리킨다-옮긴이)이 중요한 역할을 했다. 더 자세한 논의는 이 책의 뒤에 실린 참고문헌에서 확인할 수 있다.

3. 인간존엄성의 이해

본질적 존엄성, 외재적 존엄성, 평등적 존엄성 그리고 경제적 존엄성의 의미에서 인간존엄성의 개념을 확고히 이해하고 법적으로도 명확히 규정하고 있지만 특히 철학에서는 인간존엄성을 어떻게 해석할지를 두고 다양한 제안을 내놓는다. 많은 제안이 인간존엄성 개념을 축소하려 하는데, 흔히 그 개념이 자신들의 환원주의나 공리주의, 결과론적 윤리관과 맞지 않기 때문이다. 다음의 인간존엄성에 관한 해석은 강도가 높은 순에서 낮은 순으로, 다시 말해 환원성이 강해지는 순으로 배열했다.

1) 자기 이익에 대한 자기 결정권

가장 강력한 해석의 출발점은 본질적 존엄성 개념으로, 이 개념은 지난 2000년 동안 키케로와 기독교 사상가 그리고 칸트가 발전시켰고 국제연합헌장과 세계인권선언, 독일 기본법 제1조와 유럽연합기본권헌장에 명문화되었다. 즉 인간존엄성을 내적이고 핵심에서 변하지 않는, 필연적이고 일반적인 인간의 속성으로 보는 개념이다. 이 속성은 무엇보다 칸트 이래 형이상학적이고 종교적인 기반에서 벗어나 인간의 자기 결정Selbstbestimmung 혹은 자율Autonomie로서 구체화되었다. 여기서 이어지는 물음은 이렇다. 자기 결정으로서 인간존엄성을 어떻게 더 정확히 이해해야 하는가?

최근 몇몇 저자는 본질적 존엄성의 내적 속성을 '자유'라는 개념으로 구체화하려 했다. 이를테면 '자유의지'(Paul Tiedemann, Menschenwürde als Rechtsbegriff, S. 253ff.)나 '내적 자유'(Christoph Goos, Innere Freiheit, S. 95ff.)로 해석하는 식이다. 자유로 해석하는 방식은 자기 결정과 자유가 의미상 겹치는 부분이 있는 한 타당한데, 다만 그 겹침이 부분적이다. 차이는 어디에 있는가? 자기 결정이라는 개념은 첫째로 결정을 내릴 자유에만 한정될 수 있고, 둘째로 실천 규범적 의미도 지닌다. 자기 결정(자율)은 언제나 타의에 의한 결정(타율)에 반대된다. 타의에 의한 결정은 다른 사람이나 자기 자신(자기기만이나 중독처럼 무의식적으로 결정하는 경우-옮긴이), 자기 자신 중 일부

(가령 고문으로 자신의 의사를 꺾는 경우)에서 비롯할 수 있다. 이에 반해 자유라는 개념은 자기 결정 개념의 실천 규범적 의미를 띠면 자기 결정 개념과 동의어가 되지만 순수하게 기술적記述的, 이론적 차원에서 이해될 수도 있다. 따라서 자유의 개념에 규범적 차원이 필수는 아니다. 그렇다면 자유와 자기 결정의 개념 사이에 이런 의미 차이가 생기는 까닭은 무엇인가?

자유 개념은 이미 칸트가 확정했듯이 매우 근본적인 현상, 곧 하나의 사실을 가리킨다. 이 현상은 분명히 인간의 자기 결정, 나아가 본질적 존엄성의 형이상학적, 존재론적 토대다. 하지만 형이상학적, 존재론적 토대로서 자유라는 사실은 자기 결정의 실천 규범적 차원을 포괄하지 않는다. 따라서 자기 결정 개념과 나아가 본질적 존엄성 개념은 최소한 결정 자유라는 형태로 자유라는 사실을 전제로 삼지만, 이 사실에 이미 가치판단과 의무가 결합되어 있다. 우리가 인간존엄성을 의지의 자유나 내적 자유로만 특징짓는다면 이런 규범적 차원이 빠진다. 따라서 인간존엄성 개념을 자유 개념을 통해 설명하려는 시도는 자기 결정 개념에서 한 걸음 나아가기는커녕 오히려 뒤로 물러나는 셈이다. 이런 시도는 자기 결정의 사실을 말할 뿐, 자기 결정을 구체화하지는 못한다. 또한 인간존엄성을 자유로 이해하려는 시도는, 이미 자유의 개념을 쓸 수 있다면 왜 인간존엄성 개념이 여전히 필요한지를 설명하지 못한다. 그러므로 근본적이지만 그만큼 다루기 어렵고 논란이 많은 자유 개념으로 자기 결정을 정의하는 방식은 방법론적으로 타당하지 않다. 오히려 규범적으로 유의미한 인간의 속성을 찾아야 한다. 결국 자기 결정을 더 잘 이해하기 위한 열쇠는 그 추가적인 실천 규범적 차원에 있다. 그렇다면 이 차원은 어떻게 성립하는가? 다시 말해 인간의 어떤 속성이 실제로 존재하면서 동시에 규범적으로도 중요한가?

이런 물음은 수 세기 동안 이어져온 윤리적 논의와 맞닿는다. 더 정확히 말하면 근대에 접어들어 '규범적 개체주의'가 윤리의 기초로서 자리 잡기 시작한 때부터다. 규범적 개체주의란 궁극적으로 윤리에서 중요하게 다루어야 할 존재는 개체(인간, 동물 등)뿐이지, 씨족이나 인종, 민족, 국가, 사회 같은 집단은 아니라는 관점이다. 이러한 입장은 규범적 집단주의가 전제하는 바와 다르다(Dietmar von der Pfordten, Normative Ethik, S. 28; ders./

Lorenz Kähler, Normativer Individualismus in Ethik, Politik und Recht 참조).

결국 윤리에서 중요하게 다뤄야 할 대상이 개체뿐이라면 개체의 어떤 속성이 규범윤리적으로 의미를 갖는가 하는 문제가 제기된다. 이에 관한 제안은 무수하다. 자기보존 추구(홉스), 실제 동의(로크), 의지와 자의(루소, 칸트), 쾌락과 고통 또는 효용 충족(벤담, 밀, 공리주의), 권리(로버트 노직, 로널드 드워킨), 욕구(카를 마르크스, 카를 오토 아펠), 자유(프리드리히 폰 하이에크), 관심(귄터 파치히, 노르베르트 회르스터, 오트프리트 회페), 선호(케네스 애로, 데이비드 고티에), 행복(제임스 그리핀, 조셉 라즈), 능력(아마티아 센, 마사 누스바움), 가상의 동의 또는 정당화(존 롤스, 토머스 스캔론, 위르겐 하버마스, 크리스토프 콜러) 등이 있다.

문제 해결을 위해 다음을 유념해야 한다. 개체를 그 자체로 받아들이려면 외부에서 어떤 속성을 덧씌우지 말고 윤리적 갈등에서 그 개체성의 어느 면을 결정적 근거로 삼을지 스스로 결정하게 해야 한다. 물론 추상적 윤리 이론의 틀 내에서 구체적 갈등과 구체적 개체에 대해 그런 자기 결정을 실제로 행할 수 없다. 그렇다면 최소한, 개체의 자기 결정을 가능한 한 진지하게 받아들이게 해주는 속성을 찾아야 한다. 이로써 규범적 속성을 쾌락과 고통으로 환원하는 견해는 설 땅을 잃으며, 쾌락주의는 설명력이 부족함이 드러난다. 우리의 개별 이익 가운데 많은 것이 동기 차원에서 쾌락과 고통으로 환원될 수 있거나, 적어도 그 측면을 포함할 수는 있다. 그러나 우리는 결정 능력을 지닌 존재로서 쾌락을 증대시키고 고통을 피하려는 신체적 충동이나 욕구를 우리의 의지와 정신력으로 다시 한번 평가한다고 자임한다. 가령 부상으로 통증이 있어도 테니스 경기를 계속하고, 불쾌감이 들더라도 윤리적, 도덕적 의무감 때문에 남을 돕는다. 신체적 충동과 욕구를 평가하라는 요구는 우리의 개체성과 자기 이해를 드러내는 핵심 표현이며, 윤리는 이에 응답해야 한다. 그러려면 우리가 찾는 속성이 현실에 실재해야 할 뿐만 아니라 규범적 차원도 지녀야 한다. 다시 말해 어떤 속성을 결정적 기준으로 삼을지에 관한 자기 결정과 더불어 그 속성의 '규범적 성격'이 중요하다. 규범적 성격 없이 사실적 속성만으로는 이 실천 과제를 감당하지 못한다. 이런 이유에서도 쾌락과 고통은 최종 속성으로서 설득력이 떨어진다. 쾌락과 고통은 최종 결정을 좌우할 규범적 차원이 없는 감정 상태이기 때문이다. 이는 쾌락과 고통에 대해 우리가 다시 한번 규범적 태도를 보인다는 점에서 알 수 있다. 가령 어떤 구체적 상황에서 자신의 쾌락을 원할 수도 원하지 않을 수도 있는데, 이때는 (예를 들어 욕구와는 달리) 오직 소망만이 규범적으로 결정적 역할을 한다.

여기에서 앞서 언급한 모든 제안을 다 검토할 수는 없다. 다만 실제로 존재하면서 의무를 이끌어내는 본질적인 내적 속성만 언급하고자 한다. 곧 인간의 '추동 Strebungen', '욕구Bedürfnisse', '소망Wünsche', '목표Ziele' 만 거론해야 한다(Dietmar von der Pfordten, Normative Ethik, S. 50ff. 참조). 이 네 가지 속성은 '신체적 결정'과 '정신적 결정' 사이의 연속선 혹은 일련의 단계에 놓인다. **추동**은 순전히 생리적, 신체적 기반을 두고 이를 지향하는 속성이다. 추동은 물리적 힘의 작용을 넘어 신체의 항상성을 유지하는 데 기여한다. 일반적인 물리 엔트로피의 경향을 국소적으로 그리고 일시적으로 뒤집는 작용이라고 설명할 수 있으며, 돌이나 물과 같은 무생물에는 없고 살아 있는 존재에서만 나타난다. 예를 들어 체온 유지는 인간의 추동 중 하나다. **욕구**는 대개 신체를 기반으로 하지만 충족 시기와 정도는 정신의 영향을 받을 수 있다. 욕구는 동물과 인간에게만 존재하며, 식욕이나 갈증 등을 예로 들 수 있다. **소망**은 때로 신체에서 출발하기도 하지만 대개는 정신이 주도한다. 욕구와 달리 정신이 소망의 내용을 바꾸거나 아예 억압하기도 한다. 소망은 주로 인간에게서 나타나고 일부 고등동물에서도 관찰된다. 친교, 보호, 모험, 오락, 새로운 경험, 즐거움 등에 대한 소망이 있을 수 있다. 마지막으로 **목표(의도)**는 순전히 정신적 속성으로, 사회의 변화나 직업적 지위 획득, 책 집필, 재산 취득 등이 여기에 해당한다. 규범윤리에서 중요한 네 가지 개념, 즉 추동, 욕구, 소망, 목표는 '이익(이해관심利害關心)'이라는 추상적 개념으로 묶인다.

이익과 이해관심은 18세기 이래로 고전적 인권선언에서 그리고 수많은 헌법과 국제조약에서 확립해온 인권을 떠받친다. 생명에 대한 권리, 신체와 정신의 온전성에 대한 권리, 재산에 대한 권리, 행동·이동·종교·사상·예술의 자유를 보호한다. 하지만 이런 이익이 이미 고전적 인권을 통해 보장된다면 핵심 물음이 남는다. 인간존엄성은 어디에 자리하는가? 이 결정적 대목에서 이 책을 시작하며 말했듯 '인간존엄성이 뒤늦게 인식되

고 뒤늦게 규범의 위계에서 최고의 자리에 도달했음'을
기억해야 한다. 인간존엄성이 늦게 인식되고 늦게 명문
화된 까닭은 무엇인가? 인간존엄성은 생명과 신체, 정
신, 재산에 대한 권리나 여러 자유처럼 인간의 단순하
고 1차적인 이익과 곧장 연결되지 않기 때문이다. 그렇
다면 다음과 같이 물어야 한다. 인간존엄성이 한편으로
인간의 본질적 이익이면서도, 다른 한편으로는 내용상
1차적 이익과 곧장 연결되지 않는다면, 그 규범적 속성
은 어디에 있는 것인가?

이 물음에 대답하려면 먼저 '우리가 1차적 이익을 두
고 그에 맞춰 2차적 소망과 2차적 목표를 갖는다는 점'
을 염두에 두어야 한다. 이를테면 운동에 대한 1차적
욕구나 아름다운 음악을 즐기고 싶다는 1차적 소망을
구체화하는 2차적 소망을 품을 수 있다(2차적 소망에 관해
서는 Harry Frankfurt, Freedom of the Will and the Concept of a
Person 참조). 또 단것을 먹고 싶은 1차적 소망을 줄이고,
더 야심찬 환경적, 사회적 목표를 2차적 목표로 스스
로 정할 수도 있다. 이렇게 소망과 목표는 욕구와 추동
과 달리 '서로를 가리키고 겹겹이 얹을 수 있어' 1차적
추동, 욕구, 소망, 목표 같은 하위 차원의 다른 규범적으

로 유의미한 속성들에 대해 2차 및 고차원의 속성이 될 수 있다. 그 이유는 소망과 목표가 필연적으로 '의도적'이라는 데 있다. 소망과 목표는 의도적이기 때문에 다른 도덕적으로 중요한 속성들과 연관된다. 이때 의도성은 단순히 '표상'하는 데서 그치지 않고 '평가적' 성격도 지닌다. 그래서 우리의 소망과 목표는 다른 도덕적으로 중요한 속성들과 표상적으로 연관될 뿐 아니라 평가적으로 관계 맺는 능력을 가진다. 덕분에 우리는 그런 속성 사이에 자기만의 우선순위를 세울 수 있다. 가령 편지를 끝내겠다는 목표를 무언가 먹고 싶다는 욕구보다 우위에 둘 수 있다. 인간의 개성과 인격에서 중요한 한 가지는 살아가면서 이성과 감정에 비추어 자기 이익에 대한 이런 우선순위를 계발하고 결정의 순간마다 이를 실제로 적용하는 데 있다. 그래서 누군가는 아름다운 예술작품을 향한 소망을, 누군가는 스포츠를 향한 소망을, 또 누군가는 맛있는 음식을 즐기려는 소망을 가꾸며 산다.

이렇게 해서 자기 결정으로서 본질적 존엄성을 구체화하는 작업이 끝났다. 본질적 존엄성의 내적이고 변하지 않는 속성은 바로 '자기 이익에 대해 실제로든 적어도 잠재적으로로든 자기 결정하는 데, 곧 1차적(하위) 이익을 2차적(고차) 목표에 의거하여 규정하는 데 있다.' 자기 이해의 본질적인 부분은 자기 이익에 대한 이런 자기 결정에 근거한다.

자신의 1차적(하위) 이익에 대한 자기 결정으로 인간 존엄성을 이해하는 관점은 인간을 언제나 목적으로 대하고 결코 한낱 수단으로 대하지 말라는 칸트의 정언명령 둘째 정식과 하나로 해석되곤 한다. 그러나 앞에서 보았듯 《윤리형이상학 정초》 관점을 기준으로 한 텍스트 해석에서 그런 동일시는 정당화되기 어렵다. 그렇다면 다른 사람을 한낱 수단으로 대하지 말라는 말은 도대체 무슨 뜻인가? 1차적 이익의 개별 요소들을 무시하지 않는 것만으로는 충분하지 않다. 자기 이익에 대한 소망과 목표, 즉 2차적 또는 고차적 수준의 규범적 속성을 부정하면 이는 1차적 또는 하위 수준의 모든 이익을 사실상 부정하는 셈이 된다. 어떤 사람이 자기 이익에 대한 소망과 목표를 스스로 결정할 수조차 없게 된다면 1차적 이익도 독자적 이해관심으로서의 가치를 잃는다. 이렇게 보아야 다른 사람을 그저 자기 이익을 지닌 도덕적 존재로 존중하라는 일반 요구를 넘어, 상대를 완전히 수단으로만 다루는 일이 어떻게 가능한지가 분명해진다.

자기 이익에 대한 자기 결정으로 인간존엄성을 이해하면 인간존엄성이 왜 뒤늦게 인식되고, 왜 뒤늦게 규범의 위계에서 최고의 자리에 올라섰는지 설명할 수 있다. 먼저 시급했던 것은 1차적 이익의 보호였다. 1차적 이익을 충분히 살피고 규정한 다음에야 2차적 또는 고차적 이익에 대한 성찰과 규범화로 넘어갈 수 있었다. 다른 메타 현상들이 대개 그렇듯 자기 이익에 대한 자기 결정 역시 더 추상도가 높고 광범위한 성찰이 필요하며, 이는 먼저 생명, 신체, 자유, 재산 같은 1차적 이익에 대한 인식을 전제로 한다.

인간존엄성이 규범 위계에서 차지한 최고의 자리는 두 가지 통찰에서 비롯한다. 하나는 자기 이익에 대한 자기 결정이 인간을 다른 생명체와 더 뚜렷이 구별해준다는 것이다. 다른 하나는 그 자기 결정이 각자의 고유함을 다른 사람과 견줘 한층 더 도드라지게 한다는 것이다.

자기 이익에 대하여 한 번 더 이성적이고 감정적으로 행동할 수 있게 해주는 인간의 능력으로서 존엄성은 자기 존중의 핵심 토대이자 내면의 안정과 내적 독립을 이루는 데 필요한 능력이다. 이 능력은 도덕적으로 행동하는 역량에만 국한되지 않는데, 1차적 욕구와 소망, 목표는 다른 사람과 무관하게 행위자 자신과만 관련될 수 있기 때문이다. 하지만 이 능력은 도덕적 인간이 되기 위해 필요한 전제다. 본래 도덕적 행동은 자기 이익과 다른 사람의 이익을 메타적 차원에서 평가하고 자기 기호와 충동을 자제하는 능력을 전제로 하기 때문이다.

자기 이익에 대한 자기 결정이라는 내적 속성으로서 인간존엄성의 구체화는 더는 의심할 수 없는 일반적인, 즉 외적 징후와 언어적 자기 기술에서 경험적으로 확인 가능한 인간의 속성과 관련한다. 지금까지 누구도 인간에게 2차적, 고차적 이익이 있음을 부정한 적은 없다. 따라서 인간존엄성을 자기 결정 능력으로 구체화하는 데는 강한 형이상학적, 존재론적, 종교적 전제가 필요하지 않다. 형이상학을 의심하는 자나 불가지론자도 이를 받아들일 수 있다. 하지만 신앙인이라면 자기 이익에 대한 자기 결정이라는 이런 인간 특유의 속성을 자신의 신앙 안에서 해석할 수도 있다. 그러면 인간의 자유나 이성 또는 신의 형상을 닮은 모습이 지니는 본질적 측면은 자기 이익의 1차적(하위) 이익에 대해 2차적(고차적) 소망과 목표를 세우는 인간 특유의 능력에 놓이게 된다.

인간의 내적이고 필연적인 존엄성을 자기 이익에 대한 자기 결정 능력으로 이해한다면 고문이나 노예제도, 강제 노동과 같은 명백한 인간존엄성 침해도 설명될 것이다.

왜 **고문**이 인간존엄성 침해인가? 당사자 동의 없이 큰 고통을 주는 일도, 의지를 꺾기 위해 복종시키려는 목적도 고문받는 피해자의 중요한 욕구에 어긋나므로 그 자체로 부정적으로 평가된다. 그러나 개인에게 가하는 이런 부정적 개입의 한 형태가 정당하게 여겨지는 특수한 상황도 있다. 가령 처벌 행위로서 징역형 선고(큰 고통 부과)나 위험을 막기 위한 경찰의 직접강제(의지 꺾기)가 그렇다. 고문의 특수성은 이 '두 가지' 부정적 개입을 '목적에 따라 한데 묶는 데' 있다. 다시 말해 의지를 꺾기 '위해' 물리적 혹은 정신적 고통을 수단으로 동원한다. 극심한 고통은 고문 피해자의 몸과 정신을 몰아세워 고문 가해자의 낯선 의지에 따르게 한다. 아무것도 밝히지 않겠다는 고문당하는 사람의 의지와, 고문당하는 이에게 참기 힘든 고통을 주어 끝내 폭로하게 하겠다는 고문하는 사람의 몸 혹은 정신이 서로 파괴적 모순에 빠진다. 원래 하나로 맞물려 있던 인간의 의지와 감각이 그렇게 '찢어진다'. 고문당하는 사람은 자유롭고 의지에 따라 결정하는 정신적 존재인 동시에 고통과 아픔을 느끼는 신체와 정신적 존재로서 자신의 온전성이 부정당하는 경험을 한다. 그리하여 자신의 1차적 신체 추동과 신체적·정신적 욕구 및 소망에 대하여 2차적 소망과 목표로 결정하는 본래적 능력이 크게 줄어든다. 이처럼 고문은 자기 이익에 대한 자기 결정을 침해한다.

노예제도에서는 노예의 삶이 노예주에 의해 전적으로 타의에 맡겨진다. 이런 타의에 의한 결정은 노예의 몸, 거주지, 하는 일 같은 1차적 이익뿐만 아니라 자유와 자기 결정적 노동을 소망하는 의지와 같은 2차적(고차) 이익까지 지배한다. (상상하기 어렵겠지만) 설령 특정한 상황에서 노예주가 노예의 2차적 이익을 침해하지 않으려 한다 해도 사정은 같다. 1차적 이익이 사실상 노예주에 의해 전부 좌우된다면 노예가 자기 힘으로 2차적 이익을 형성해봐야 무의미하다. 바로 여기에 노예제도가 본질적 존엄성을 침해하는 이유가 있다. 인간존엄성 침해라는 점에서 노예제도와 견줄 만한 예로는 전쟁 동원이나 성매매를 위한 인신매매처럼 인간을 전적으로 타의에 맡기는 경우가 있다.

강제 노동은 결국 노동이라는 인간 삶의 중요한 영역을 붙잡아두는 제한된 노예제도의 일종이다. 강제 노동자는 자신의 노동으로 어떤 욕구와 소망, 목표를 충족하고 무엇을 추구할지 더는 스스로 결정할 수 없다. 삶의 중요한 영역에서 1차적 이익이 모조리 타의에 의해 정해지면 2차 이익을 세우는 일이 무의미해진다. 여기서도 본질적 존엄성, 즉 자기 이익에 대한 자기 결정이 침해된다. 더불어 고문, 노예제도, 강제 노동은 인간의 본질적인 사회적 지위를 심각하고 불평등하게 그리고 정당한 이유 없이 깎아내려 외재적 존엄성과 평등적 존엄성 역시 침해한다.

본질적 존엄성을 자기 이익에 대한 자기 결정으로서 인정하면 자연적 의미에서 인간의 '생명'도 이에 포함되는가 하는 문제가 제기된다. 달리 말해 한 인간을 단순히 죽이는 행위가 곧바로 자기 이익에 대한 자기 결정이라는 의미에서 본질적 존엄성을 침해하는가 하는 문제다. 이 문제는 독일연방헌법재판소의 심판대에 오른 두 사건의 핵심 쟁점이었다. 하나는 모태 안에 있는 태아를 죽이는 임신 중단에 관한 사건(BVerfGE 39, 1ff.)이고, 다른 하나는 테러리스트가 납치한 항공기 격추, 즉 지상의 더 많은 생명을 구하기 위해 국가기관이 승객을 살해하는 행위에 관한 사건(BVerfGE 115, 118)이다. 연방헌법재판소는 두 사건 모두에서 살해가 인간존엄성 침해에 해당한다고 보았고, 그에 따라 임신 중단과 (항공기) 격추의 합법화를 기각했다. 유럽연합기본권헌장 또한 제2조 생명에 대한 권리를 인간의 '존엄'을 규정한 제1장 아래 두고 있다.

인간의 생명은 신체의 존속을 조건으로 한다. 이와 달리 자기 이익에 대한 인간의 자기 결정은 정신 능력이다. 이 정신 능력은 인간 신체의 생명과 명확히 구별된다. 따라서 신체의 생명과 인간존엄성은 개념상 나뉠 수 있다. 그러나 실제로 둘은 필연적으로 결합되어 있다(Walter Schweidler, Über Menschenwürde, S. 147, 150). 인간 신체의 생명은 자기 이익에 대한 자기 결정이라는 정신 능력의 필수 조건이다. 신체의 생명 없이는 인간의 이 정신적 속성은 존재할 수 없다. 신체의 생명이 끝나면 정신 능력도 사라진다. 이는 곧 누구나 죽음에 이르면 자기 이익에 대한 실제적 자기 결정이 끝나고 따라서 본질적 존엄성에 대한 실현도 끝나게 된다는 뜻이다. 더욱이 인간의 사고는 언제나 우리 뇌에서 일어나는 자연적 과정이다. 그러므로 신체와 정신의 분리는 인간이 살아 있는 동안에도 절대적일 수 없다. 문제는 신체의 생명과 인간존엄성의 필연적 결합이라는 이 두 가지 측면에서 규범적으로 무엇이 따라오는가 하는 점이다.

그 답은 인간의 실제적 속성이면서도 윤리적 가치이기도 한 인간존엄성의 이중성에 비추어 보면 얻을 수 있다. 인간존엄성을 실제적 속성으로 보면 개념상 분리가 가능하다. 우리는 신체의 생명과 자기 이익에 대한 자기 결정을 구별할 수 있다. 그러나 반대로 인간존엄성을 윤리적 가치로 보고 그 존중을 윤리적, 도덕적, 법적 의무로 말하는 한, 이 둘을 완전히 분리해서 평가하거나 별개의 의무로서 설정할 수 없다. 이는 인간존엄성이 신체의 생명을 사실상 조건으로 삼는다는 데서 가로막힌다. 결과적으로 사람을 살해하는 행위는 언제나 그 사람의 인간존엄성에 영향을 미치는데, 살해는 그 사람에게서 자기 이익에 대한 자기 결정을 현재와 미래에 걸쳐 앗아가기 때문이다. 하지만 이는 사람을 살해하는 행위가 필연적으로 그의 신체 훼손을 포함하는 것과 마찬가지로 항상 일거에 그리고 필연적으로 발생한다. 따라서 살해의 본질적 불의는 보통 살해라는 행위 자체에서 나오지, 자기 이익에 대한 자기 결정의 파괴에서 나오는 것은 아니다.

인간존엄성 침해에 대한 또 다른 불의는 오직 살해가 취한 특정한 방식에 있을 뿐이다. 예컨대 고문, 노예제도, 강제 노동이 죽음으로 이어진 경우가 그렇다. 또 살해 자체가 심각한 굴욕이 되어 외재적 또는 평등적 존엄성을 침해하는 경우도 이에 해당한다.

2) 본질적인 사회적 지위, 자기 존중, 굴욕으로부터 보호

모든 사람은 자기 이익에 대한 자기 결정이라는 본질적 존엄성과 함께, '사회에서 차지하는 본질적 지위'의 외적이고 변하는 속성의 '외재적 존엄성'도 지닌다. 푸펜도르프가 처음으로 파악한(47쪽 이하 참조) 사회적 지위의 '근본적인 평등'이라는 '평등적 존엄성'은 이런 속성이 미치는 범위를 가르는 핵심 경계다.

여러 이론가(가령 아비샤이 마갈릿, 랄프 슈퇴커, 마이클 로젠, 타티아나 회른레 등)는 외재적 존엄성과 평등적 존엄성을 사회적 지위와 자기 존중을 지키거나 품위 훼손 및 굴욕을 막는 보호 원리로 정교하게 다듬어왔다. 이런 견해를 평가하려면 먼저 본질적인 사회적 지위와 자기 존중, 굴욕으로부터의 보호가 어떻게 맞물리는지 그 기본 관계를 짚어야 한다. 외재적 혹은 평등적 존엄성의 기초는 공동체 안에서 개인이 갖는 변하는 '본질적인 사회적 지위'의 '외적 속성'에 기초한다. 이 지위는 일반적으로 변하지만 평등적 존엄성에서는 애초에 변하지 않는 것으로 파악하는 경계가 모호한 속성을 지닌다. 공동체의 범위는 가족에서 혈족이나 씨족을 넘어 마을이나 종교 공동체, 종족, 민족, 국가, 인류 전체에까지 이른다.

개인의 본질적인 사회적 지위라는 외적 속성에는 그때마다 본질적인 사회적 지위와 관련하여 '변하는 자기평가의 내적 속성'이 상응한다. 아비샤이 마갈릿에 따르면 여기서 다시, 인간으로서 갖는 동등한 자기평가인 자기 존중Selbstachtung(자존감)과, 특정한 성취나 공로, 직위 등을 근거로 한 특별한 평가에 해당하는 자부심Selbstwertgefühl을 구별할 수 있다(Avishai Margalit, The Decent Society, S. 44ff.). 그렇다면 사회적 지위의 본질적 동등성을 핵심으로 하는 평등적 존엄성에는 자존감이, 성과 등에 따른 사회적 지위를 대상으로 하는 외재적 존엄성에는 자부심이 상응한다.

　변하는 자기평가는 어느 정도 외적인 사회적 지위에 기대는 동시에 거꾸로 사회적 지위에도 지속적으로 영향을 미친다. 자기평가와 사회적 지위가 얼마나 좌우하는지는 가변적이고 사람마다 다르다. 개인이 자신의 사회적 지위를 얼마나 진지하게 받아들이는지에 따라 달라진다. 스토아학파는 자기평가를 사회적 지위에 의해 영향을 받지 않게 하라고 개인에게 요구했다(Seneca, Über das glückliche Leben, 12f.). 자기평가는 오로지 도덕적 완성에 근거해야 한다고 보았다(S. 62f.). 하지만 이런 이상주의적 견해와 요구는 자기평가와 사회적 지위가 크게 얽혀 있는 실제 인간의 정신에 들어맞지 않으므로 더는 설명할 필요가 없을 것이다.

　당연히 인간에게는 사회적 지위와 무관한 자기평가도 있다. 이는 자신을 자연적 존재나 이성적 존재, 신의 피조물 등으로 보는 자기 기술과, 거기에 이어질 수 있는 자기평가로 이루어진다. 하지만 이런 자기평가는 사회적 지위를 넘어선 개인의 실제 자기평가에 전적으로 의존하기 때문에 다양한 이론적 견해나 기술 방식이 모욕이나 굴욕을 포함할 수 없다. 가령 인간이 단순히 육체적 존재라는 이론적 견해를 퍼뜨린다고 해서 외재적 그리고 평등적 존엄성을 침해하는 것은 아니다. 다만 누군가를 아예 인간으로 인정하지 않는다면 이는 모든 인간이 본질적인 사회적 지위에서 자연적으로 동등하다는 평등적 존엄성을 침해하는 것이다.

개인의 사회적 지위와 자기평가는 해당 공동체의 다른 구성원이 내리는 타자 평가, 즉 타인이 그 사람과 그의 사회적 지위에 내리는 평가에 상당히 의존한다. 이런 평가는 긍정적일 수도 부정적일 수도 있다. 긍정적인 경우를 '격상Aufwertung' 또는 '인정Anerkennung'이라 하며, 칭찬이나 상, 훈장을 받는 일이 이에 속한다. 부정적인 경우를 '격하Abwertung' 또는 '박탈Aberkennung'이라 하며, 견책이나 경고, 처벌을 받는 일을 가리킨다. 따라서 개인의 사회적 지위는 한편의 자기평가와 다른 한편의 타자 평가가 이루는 쌍방의 상호작용 속에 놓인다.

자기평가 ←——→ 사회적 지위 ←——→ 타자 평가

다른 이들이 내리는 평가와 그에 따른 사회적 지위의 격하는 유감스럽게도 끊임없이 일어난다. 학교나 직장,

여가 활동이나 공론장에서의 부정적 평가들을 생각해 볼 수 있다. 이런 격하는 정당한 근거를 갖춘 경우, 즉 사실에 부합하고 해당 공동체의 인간적이고 공정한 판단 규칙에 부합하는 경우에 한해 외재적 존엄성을 침해하지는 않는다. 주차 위반으로 경고를 받으면 평가는 깎일지언정 외재적 또는 평등적 존엄성은 침해받지 않는다.

그렇다면 외재적 또는 평등적 존엄성에 대한 침해, 즉 개인에 대한 모욕이나 비하는 어떻게 성립하는가? 이를테면 누군가에게 침을 뱉어 그를 모욕하는 처사가 이에 해당한다. 하지만 이 경우에 어떤 일이 발생하는가? 마갈릿에 따르면 모욕은 한 사람을 인간 공동체에서 배제, 정당한 포괄집단에서 배척 또는 추방하는 데서 발생한다(Avishai Margalit, The Decent Society, S. 108ff., 135ff.). 방금 언급한 바와 같이 한 사람을 인간 공동체에서 배제하는 일은 분명히 그의 평등적 존엄성을 침해하는 반면, 정당한 포괄집단에서 배척 또는 추방은 좀더 논의가 필요하다. 마갈릿에 따르면 정당한 포괄집단이란 공동의 성격과 문화를 지니며, 직접적 교류에 머무는 작은 집단이 아니라 규모가 큰 익명의 집단을 뜻한다. 이런 집단은 구성원과 비구성원을 가려내기 위해 상징, 격식, 의례, 행사, 표식 등의 장치를 여럿 필요로 한다(S. 139). 예컨대 종교 공동체나 민족 집단, 사회 계급이 이에 해당한다.

이 견해의 첫 번째 문제는 '정당한' 집단이 무엇인지 어떻게 규정하느냐에 있다. 이에 관해 결정해야 하는데, 이 결정은 모든 문화에서 명확하지 않다. 가령 고대 그리스는 한때 소년애 집단을 정당하다고 보았지만 오늘날에는 용납하지 않을 것이다. 또 하나의 쟁점은 마갈릿이 제시한 배제 기준이 외재적 또는 평등적 존엄성 침해의 필요조건이자 충분조건인지 여부다. 즉 정당한 포괄집단으로부터 배제가 항상 외재적 또는 평등적 존엄성에 대한 침해를 의미하고 그 반대도 성립하는지 따져보아야 한다. 종교 공동체가 자신의 이해에 따라 누가 '독실한지' 스스로 판단하고 그렇지 않다면 그를 모욕하지 않고, 다시 말해 그의 외재적 존엄성을 침해하지 않고 배제할 수 있지 않은가? 그리고 군대나 부대라는 포괄집단에 온전히 소속된 상태라도 선임이 신병에게 침을 뱉는 행위는 여전히 굴욕이며 외재적 또는 평등적 존엄성에 대한 침해가 아니겠는가? 그렇다면 마갈릿의 배제 기준은 추상적 척도인 동시에 너무 넓기도 하고 너무 좁기도 한 셈이다. 물론 정당한 집단에서의 어떤 배제, 이를테면 학문과 무관하게 인종적, 정치적 이유로 교수를 대학에서 내치는 일이 인간존엄성 침해에 해당한다는 점을 부인하기 어렵다. 그러나 이는 종교 공동체에서 중대한 규율을 어긴 구성원을 내치는 것과 같은 차원의 배제가 아니라는 점도 분명하다. 게다가 집단에서 배제하지 않더라도 외재적 또는 평등적 존엄성을 침해하는 명백한 행동들이 있다. 침 뱉기가 그 예다.

외재적 또는 평등적 존엄성 침해에 이르는 어떤 격하가 곧 모욕인지 구체적으로 설명하려면 먼저 이 존엄성의 핵심을 주시해야 한다. 그런데 앞서 보았듯 이 존엄성의 핵심은 격하 행위(모욕이나 비하)에도, 모욕당한 이의 자기평가 하락에도 있지 않다. 이런 것들은 단지 당사자의 사회적 지위가 격하될 때 직접적이든 간접적이든 지속적으로 뒤따르는 내적, 외적 측면에 지나지 않는다. 외재적 또는 평등적 존엄성의 핵심은 오히려 '당사자 자신이 지닌 본질적인 사회적 지위라는 외적 속성' 자체에 있다. 이 본질적인 사회적 지위가 개인의 외재적 또는 평등적 존엄성을 이룬다. 그리고 이 본질적인 사회적 지위는 여러 요인에 좌우된다. 즉 공동체의 규정,

그 규정이 근거하는 사실, 당사자의 이전 행동, 공동체 내 다른 구성원들의 이전 행동 등에 따라 달라진다. 한 편 평등적 존엄성에서는 궁극적으로 사고, 감정, 이익을 지닌 존재로서 모든 인간이 자연적으로 동등(평등)하다는 점이 중요하다. 외재적 또는 평등적 존엄성은 이 모든 요인이 심각한 방식으로 잘못되거나 최소한 부당하게 무시되지 않는다는 데 있다. 어떤 사회의 규범이 다른 사람에게 침을 뱉지 말라고 금지한다면, 이를 어기는 행위는 외재적 또는 평등적 존엄성을 침해하는것이다. 단, 이러한 위반은 피해 당사자의 사회적 지위를 심각하고 부당하게 격하하고 가해자가 이를 의도하거나 최소한 그 결과를 알면서도 강행한 경우에 한한다.

언급한 이론가 중 일부는 인간존엄성을 굴욕으로부터의 보호로서 이해하는 작업을 통해 외재적 그리고 평등적 존엄성 개념을 구체화하고 나아가 이것만이 '유일한' 존엄성 개념이라고 주장한다. 따라서 이들은 자기 이익에 대한 자기 결정권을 인간존엄성으로 보고 이를 보호해야 한다는 주장을 인정하지 않는다. 지금까지 살펴본 바에 따르면 인간존엄성 개념을 외재적 존엄성과 평등적 존엄성으로 축소하는 이런 입장이 설득력을 갖기 어렵다는 점은 새삼 강조할 필요가 없을 것이다. 자기 이익에 대한 자기 결정의 속성은 분명 경험적 사실이며, 이는 모든 이익이 그렇듯이 동시에 규범적 차원을 지닌다. 하지만 모든 1차적 이익을 규범적, 윤리적으로, 더 나아가 도덕적, 법적으로 고려할 만하다고 인정한다면 우리의 개별적 인격과 자기 이해를 형성하는 데 지대한 영향을 미치는 2차적(고차) 이익 또한 인간존엄성을 구성하는 요소로 인정하고 윤리적, 도덕적, 법적으로 보호해야 한다는 결론을 피할 수 없다.

인간존엄성 개념을 변하는 사회적 지위와 자기평가로 축소하는 입장으로는 왜 수많은 선언과 헌법이 인간존엄성을 '침해할 수 없는' 또는 '내재하는' 것으로 규정해왔는지 설명하지 못한다. 이 같은 입장은 또한 왜 윤리와 법에서 인간존엄성을 신체, 생명, 정신에 대한 근본적 이익보다 높게 혹은 적어도 동등하게 평가해왔는지에 대한 근거도 제시하지 못한다. 스토아학파의 요구와 달리 거의 모든 사람은 자신의 사회적 지위를 매우 중요하게 여긴다. 하지만 대개는 신체, 생명, 정신을 더 중요하게 본다. 결국 인간존엄성을 본질적인 사회적 지위와 자기평가로 축소하는 관점은 인간존엄성 개

념과 그 보호의 역사와 현재를 정당화하지 못한다. 누
구도 이 점을 명확히 언급하지는 않지만 여기에는 법과
국제사회가 성취한 인간존엄성 보호의 범위를 실질적
으로 줄이자는 함의가 숨어 있다. 그 입장을 지지하는
그럴 만한 이유는 없으며, 따라서 우리는 이에 반대해
야 한다.

3) 실현을 위한 경제적 조건

라살레의 인간다운 현존에 대한 요구와 바이마르 헌
법 151조를 잇는 논의는 인간존엄성을 인간 존재의 '경
제적, 물질적 전제 조건'으로까지 확대하여 이를 '경
제적 존엄성 조건'의 의미로 이해한다. 1945년 이후에
는 마르크스주의 철학자 에른스트 블로흐가《자연법
과 인간의 존엄성》이라는 저서를 통해 인간다운 현존
의 조건을 마련하라고 요구했다. 베르너 마이호퍼에 따
르면 국가는 인간존엄성을 침해하는 모든 관계를 폐지
해야 하는데, 여기에는 국가 바깥 영역의 관계들까지 포
함된다(Werner Maihofer, Rechtsstaat und menschliche Würde,
S. 39ff.). 귄터 뒤리히는 인간존엄성에서 소송으로 행사
할 수 있는 개인의 공적 부조 권리가 도출된다고 보았

다(Günter Dürig, Der Grundrechtssatz von der Menschenwürde, S. 117, 132). 독일연방헌법재판소는 처음에는 이런 주장을 받아들이지 않았으나(BVerfGE 1, 97 (104f.)), 이후 인간다운 현존을 보호할 국가적 의무가 존재하며 그 의무에 최저 생계 확보 및 보장이 포함된다고 판시했다(BVerfGE 40, 121 (133); 82, 60 (85); 125, 175 (222ff.)).

경제적 존엄성 조건과 관련하여 우리는 본질적 존엄성과 외재적 또는 평등적 존엄성을 구별해야 한다. 본질적 존엄성에서 말하는 자기 이익에 대한 자기 결정은 인간의 변하지 않는 내적 속성으로서 원칙적으로 상실되지 않으며, 따라서 그 본질에서 침해될 수 없다. 다만 그 행사는 다른 사람의 특정 행위로 제한될 수 있다. 예컨대 고문, 노예제도, 강제 노동이 그렇다. 그렇다면 쟁점은 다른 사람이 이를 개선할 의무가 있음에도 바꾸지 않는 외적인 경제적 또는 물질적 전제 조건이 자기 이익에 대한 자기 결정을 그처럼 중대하게 제한하는 행위에 해당하느냐인데, 그렇다고 보아야 한다. 살아가는 데 반드시 필요한 것들에 대한 결핍이 삶을 압도하는 순간 노예제도와 다름없이 2차적(고차) 자기 이익을 실현할 가망이 사실상 없을 때가 이에 해당한다. 예컨대 굶주

림, 노숙, 중병, 의복이나 위생 부족, 극심한 빈곤이 여기에 해당한다. 이런 경우에는 충족되지 않은 1차적 욕구 때문에 2차적(고차) 이익을 형성하고 추구할 자유가 크게 제한된다. 그러므로 연대할 의무가 있는 이들, 즉 무엇보다 가족과 정치 공동체가 도와야 한다. 그래야 당사자가 자기 결정에 따라 살 수 있고, 이로써 인간다운 현존을 누릴 수 있다.

외재적 존엄성과 평등적 존엄성에서 경제적 조건은 어떻게 평가될 수 있는가? 특정한 물질적 생활 조건의 결핍으로 인한 인간존엄성 침해는 오직 그 결핍에 굴욕이 수반될 때만 성립한다(Robert Spaemann, Über den Begriff der Menschenwürde, S. 307). 따라서 결정적인 기준은 단순한 물질적 불평등이나 빈곤을 넘어, 당사자의 사회적 지위가 중대하고 부당하게 격하되었는지에 있다. 극심한 빈곤에서의 굴욕적 격하는 모든 사람에게 인간다운 현존을 보장하기 위한 기본 공급이 모두에게 가능한 경우, 공동체나 사회 안에서 일어나는 1차적 욕구의 불충족에 있지 않을까 한다.

4) 요청인가, 아니면 인정 혹은 산출의 결과인가?

지금까지 살핀 견해들이 인간존엄성을 인간 혹은 경제적 관계의 기존 속성으로 이해한 반면, 몇몇 회의론자는 인간존엄성을 다른 사람에게 제기하는 규범적 '요구'에 지나지 않는다고 보거나, 다른 사람의 '인정', 관념·가치 공동체, 나아가 철학의 '산출'에 달린 것으로 본다.

페터 샤버에 따르면 인간존엄성은 다른 사람에 대하여 정당하게 주장할 수 있는 규범적 요구일 뿐이다(Peter Schaber, Instrumentalisierung und Würde, S. 49ff.). 샤버는 이를 자기 존중에 대한 요구로 중시하는데, 이는 다시 자신의 삶의 본질적인 영역을 스스로 결정할 수 있는 개인의 권리에 기초한다고 한다(S. 52). 이러한 관점에서 인간이 자기 이익이나 본질적인 사회적 지위에 관해 소망과 목표를 지닌다는 실제 속성은 다음 네 가지 방식으로 한정된다. (1) 자기 이익에 대한 자기 결정과 사회적 지위로서 인간존엄성의 실제 속성은 인정되지 않고 근거, 내용, 범위가 의심스럽고 논쟁의 여지가 있는 하나의 규범적 요구일 뿐이다. (2) 그런데 이 규범적 요구는 적어도 자기 결정이나 본질적인 사회적 지위에 직접적으로 관련되지 않고 개별적이고 변할 수 있는 '자기 존중', 즉 "자기 자신과 다른 사람을 대하는 방식"(S. 52)에만 관계할 뿐이다. (3) 보호된 자기 존중 역시 실제적 속성으로 보지 않고 '권리', 즉 또 하나의 규범적 요구로만 여길 뿐이다. (4) 개인이 자기 삶 전체와 그 모든 측면을 자유롭게 결정할 권리는 인정하지 않고 "본질적 영역"에 대해서만 결정할 권리가 있다고 하는데, 이 또한 규범적으로만 정할 수 있을 뿐이다. 이런 식으로 인간존엄성을 축소해 이해하려는 제안은 지금까지 제시한 역사적, 정치적, 법적 개념과 도덕적, 정치적, 법적 규정에서 크게 벗어난다. 따라서 이런 축소된 제안은 설득력이 부족한데, 모든 철학 이론은 무엇보다 먼저 개념적으로 파악한 현실을 받아들여야 하기 때문이다.

하소 호프만은 인간존엄성을 "다른 사람의 인정"이라는 의미에서 이해한다(Hasso Hofmann, Die versprochene Menschenwürde, S. 353ff.). 호프만은 존엄성을 "관계와 소통의 개념"으로 이해해야 하며, 보호 대상은 "인간 사이의 연대"라고 한다. 존엄성을 구체적인 인정 공동체와 분리해 생각할 수 없다는 것이다. 위르겐 하버마스 역시 존엄성을 상호 인정이라는 개인 사이 관계에만 기대어 성립한다고 본다(Jürgen Habermas, Die Zukunft der menschlichen Natur. Auf dem Weg zu einer liberalen Eugenik, S. 67). 게오르크 모어는 더 나아가 철학이나 일반 정신사가 인간존엄성을 만들어냈다고 주장한다(Georg Mohr, Ein ≪Wert, der keinen Preis hat≫, S. 37). 모어에 따르면 인간존엄성은 상호 인정이 만든 사회적 구성물, 즉 사람 사이의 소통이 빚은 산물이다(S. 36). 한스 외르크 잔트퀼러는 인간존엄성을 "실천적 이유에서 생기는 어떤 의미와 특징의 속성", 즉 "실천 이성의 요청"으로 이해한다(Hans Jörg Sandkühler, Recht und Staat nach menschlichem Maß, S. 76ff.; Menschenwürde und Menschenrechte, S. 44ff.).

이런 의견들 또한 인간존엄성을 실제 속성으로 이해하는 방식과 어긋난다. 이제 더는 개인이 자기 이익에 대한 자기 결정권을 갖거나 그의 본질적인 사회적 지위가 인간존엄성을 좌우하는 게 아니라 사회 공동체, 더 나아가 철학자들이 규범상 인정하거나 소통을 통해 산출해내는 것이 인간존엄성을 결정한다고 보기 때문이다. 그러면 결국 인간존엄성은 다른 사람이나 집단에 의한 타율로 기울어진다. 실천 이성의 요청이라는 잔트퀼러의 논지를 제외하면 이런 견해는 칸트의 이론과 정반대에 선다. 이런 이해에 따르면 인간존엄성은 실재 도덕이나 특정 시대의 사회적 인정, 심지어 철학자 공동체의 산출에 의존하는 것이 되고 만다. 노예제도, 고문, 착취로 굴러가는 사회가 인간존엄성을 인정하지 않았다면, 인간존엄성은 아예 존재하지 않는다는 말이 된다. 조지 오웰의 소설 《1984》에 그려진 사회처럼, 한 사회가 더는 인간존엄성을 인정하지 않으면 왜 그것이 존재해야 하는지 설명할 길도 없다. 한 사회의 인정이 있어야만 비로소 인간존엄성이 산출된다면 사회가 그 인정을 거둬들이는 순간 인간존엄성도 함께 사라질 수밖에 없을 것이다. 이런 견해는 본질적 존엄성이 의미하는 바, 즉 사회적 인정과 무관한 인간의 자기 이익에 대한 자기 결정의 독립성을 부정한다.

인간의 자기 이익에 대한 자기 결정이 실재한다고 인정한다면 남는 물음은 이것을 인간존엄성 개념과 연결할 것인지 뿐이다. 전통은 이 둘을 연결해왔으며, 더 적합한 개념을 알아내지 못했다. 이 견해로만 본질적 존엄성을 제대로 다룰 수 없고, 외재적 존엄성과 평등적 존엄성도 그르친다. 즉 사회적 지위는 자기평가와 타자 평가 사이, 그 사이에서 양쪽과 상호작용을 하는데(109쪽

참조), 두 평가 중 어느 한쪽이 우위를 갖는다고 할 수 없다. 하지만 인정 이론이나 산출 이론은 자기평가와 타자 평가의 이런 기본 균형을 무너뜨린다. 개인의 사회적 지위의 형성뿐만 아니라 성립 자체를 오직 공동체나 사회의 타자 평가에 전적으로 의존하게 만들기 때문이다.

그렇다면 인간존엄성을 자기 이익에 대한 자기 결정으로 이해하는 견해는 "정신의 속성에 대한 실재론적 사변"(Georg Mohr, Ein "Wert, der keinen Preis hat", S. 37)이 아닐까? 우선 칸트를 따라 그리고 추상화된 철학적 차원에서 인정하자면 인간의 한정된 인식으로는 물자체나 실체의 본질적 핵심을 파악할 수 없다. 하지만 과학에서도 일상의 이해에서도 제기하지 않는 이런 강력한 형이상학적 주장을 내려놓으면 우리 자신과 다른 사람에 대해 갖게 되는, 원칙적으로 반박할 수 있는 속성에 관한 인식이 남는다. 이런 인식 중 일부는 키와 같은 외적 속성에 관한 것이고, 또 다른 일부는 고통, 기쁨, 의지처럼 '실체성'과 무관한 내적이고 정신적인 속성에 관한 것이다. 우리는 이런 내적이고 정신적인 속성을 눈이나 귀, 코, 혀, 살갗으로 직접 느끼지 못하고 외적 징후와 언어 표현을 통해 헤아려야 한다. 하지만 그 실재성을 아무도 의심하지 않는다. 설령 그 실재성을 부정하더라도 진료실에서 의사가 "여기가 아픈가요?" 하고 묻는 순간 납득할 수밖에 없다. 자연주의적 환원론자는 이런 정신적 속성을 화학적, 생물학적 과정으로 치환하려 들 수도 있다.

이런 정신적 속성 중에는 사실성과 더불어 규범성까지 지니는 것들이 있다. 앞서 우리는 추동, 욕구, 소망, 목표를 그런 정신적 속성으로, 그리고 그에 추가로 붙는 규범적 요구를 지닌 것으로 확인했다. 인간이 이런 자기 이익을 갖고 있다는 사실을 누가 부정하겠는가? 우리의 모든 법적, 사회적, 경제적 체계는 이 한결같은 확신에 기초한다. 소망과 목표가 실재한다면, 그것들이 자기 이익을 가리킬 수 있다는 우리의 견해가 틀렸다고 볼 이유는 없다. 따라서 자기 이익에 대한 자기 결정은 사회적 인정이나 구성과 무관하게 받아들여진다.

하지만 적어도 외재적 존엄성과 평등적 존엄성만큼은 사회적 구성물이 아닐까? 개인의 사회적 지위는 신체와 관련 없는 외적 속성으로, 다른 사람이나 자신의 평가에 의해 영향을 받는다. 다만 그 영향은 사회적 지위의 구체적 내용과 형성에만 해당한다. 그 반면에 상

호 평가라는 형식적 사실은 어떤 시대 특정 사회의 구
성물이 아니라 시대와 문화를 초월한 속성이다. 언제 어
디서나 인간은 다른 사람과 자기 자신을 평가해왔다고
보아야 하기 때문이다. 타자 평가와 자기평가는 인류학
적 상수다. 사회학의 중요한 한 갈래가 이런 사회적 평
가의 사실을 과학적, 경험적으로 연구한다. 따라서 외재
적 존엄성과 평등적 존엄성 역시 사회적 구성물로만 이
해하는 것은 축소적 견해다. 마지막으로 굶주림, 노숙,
중병과 같은 경제적 존엄성 조건이 결여된 상태는 인간
의 기본적인 욕구와 상충하므로 단순한 사회적 구성물
이 아니다.

5) 핵심 이해관심이나 권리의 결합?

무엇보다 공리주의자나 결과주의자들은 인간존엄성
의 독립적 속성을 전면 부정한다. 이들에 따르면 인간
존엄성은 그저 다른 핵심 권리나 이해관심을 한데 묶어
서 특수한 가치를 부여한 단어나 개념일 뿐이다. 따라
서 방금 살핀 인정 이론과 산출 이론과 마찬가지로, 인
간존엄성이라는 개념의 의미는 속성 차원에서 평가 차
원으로 옮겨진다. 하지만 인정 이론과 산출 이론은 인

간존엄성에 적어도 권리 또는 가치로서 독립적인 규범적 지위를 부여하는 데 반해, 결합 이론은 그마저도 부정한다. 그러므로 결합 이론은 인정 이론이나 산출 이론보다 인간존엄성을 더 회의적으로, 더 축소해서 본다.

디터 비른바허는 1995년에 인간존엄성을 네 가지 기본 권리의 총체와 같다는 견해를 제시했다. 이 권리들은 개인의 성취나 공로, 자질과 상관없이 누구에게나 주어진다(Dieter Birnbacher, Mehrdeutigkeiten im Begriff der Menschenwürde, S. 6ff.). 네 가지 기본 권리는 다음과 같다. (1) 생물학적으로 필요한 생존 수단 공급, (2) 심하고 지속적인 고통으로부터의 자유, (3) 최소한의 자유, (4) 최소한의 자기 존중이 그것이다. 비른바허는 이 네 가지를 누구도 빼앗을 수 없는 최소한의 "기초적 재화Grundgüter"로 보았다.

인간존엄성을 다른 권리로 환원하려는 이런 시도에 대해서는 다음과 같이 반박해야 할 것이다. 첫째, 비른바허가 제시한 권리들은 이 책에서 규명한 인간존엄성의 핵심, 즉 자기 이익에 대한 자기 결정과 본질적인 사회적 지위를 포괄하지 않는다. 둘째, 이런 식의 개념 수정은 1장에서 서술한 개념사의 전개와 어긋난다. 셋째,

인간존엄성을 이렇게 환원해서 이해하는 방식은 독일 기본법과 국제 협약, 국제 선언에 명시된 해당 개념의 실제적, 법적 이해에도 부합하지 않는다. 마지막으로 비른바허가 제시한 권리 중 일부는 인간존엄성을 보호하는 권리로 보기에는 지나치게 광범위하고 막연하다. 예를 들어 심하고 지속적인 고통으로부터의 자유는 확실히 윤리적이고 도덕적인 차원에서 도움을 줘야 하는 대상이다. 하지만 그런 의무를 어겼다고 해서 곧바로 인간존엄성까지 침해했다고 볼 수 있는지는 의문이다. 흔히 있는 술집 다툼에서 누군가가 상대의 턱을 강하게 후려쳐 심각한 고통이 오래가게 했다고 하자. 이는 분명 비도덕적이고 형사 처벌의 대상이긴 하나 그 사람의 인간존엄성을 침해했다고 보기는 어렵다. 인간존엄성 침해는 피해자가 그러한 폭력으로 자기 결정이나 사회적 지위를 본질적으로 훼손당했을 때만 인정될 수 있다. 따라서 인간존엄성 개념을 수정하자는 비른바허의 제안은 설득력이 없다.

비른바허는 최근 몇 년간 자신의 입장을 스스로 완화했다. 한편으로 비른바허는 권리의 결합 목록을 확장해 굴욕과 모욕, 경멸 그리고 완전한 도구화라는 심각한 피해를 초래하는 다른 사람의 목적에 비자발적인 복종 등의 문제를 추가했다. 다시 말해 본질적 존엄성과 외재적 또는 평등적 존엄성을 이루는 속성에 대한 침해 행위들까지 포함한 것이다. 다른 한편으로 비른바허는 이제 이렇게 확대한 목록조차 인간존엄성의 내용을 다 담아내지 못한다고 강조한다(Dieter Birnbacher, Menschenwürde und moderne Medizintechnik, S. 46).

하지만 비른바허의 목록은 범위를 넓히면서 오히려 문제를 더 키웠다. 가령 누군가가 탓할 수 없는 곤경에 처했을 때 가능한 도움을 거부했다는 이유만으로 곧바로 인간존엄성 침해가 성립한다고 보는 경우가 그렇다. 단순히 윤리상 도와야 한다는 의무를 넘어 가벼운 차량 접촉 사고 후 도와주지 않았다는 이유로 다른 사람의 인간존엄성까지 침해했다고 볼 수 있을까? 그렇게 보기는 어려울 것이다. 더구나 인간존엄성이 결합하는 개별 권리의 열거가 전통적 개념 이해의 핵심 내용까지 포괄한다면 이런 열거는 인간존엄성을 넘어서는 권리들까지 포함하게 된다. 그리고 결국 그 열거된 권리들만으로는 인간존엄성 개념을 다 담지 못한다고 인정한다면, 이른바 환원주의적 결합 이론은 설득력을 잃게 된다.

6) 공허하고 없어도 될 단어 또는 환상?

인간존엄성에 대한 가장 극단적인 환원주의적 견해는 벤담에서 쇼펜하우어를 거쳐 니체에 이르는 회의주의적 전통을 잇는다(2장 '9) 벤담, 쇼펜하우어, 니체' 참조). 행동주의 심리학자 버러스 프레더릭 스키너에 따르면 정신적 속성은 없고 다른 사람에 의한 평가만 있다고 한다(B. F. Skinner, Beyond Freedom and Dignity, S. 15, 44ff.). 우리는 어떤 행동을 강화하는 일이 얼마나 적절한지 가늠함으로써 그 행동을 평가한다.

여기저기서 인간존엄성 개념이 자율성 개념을 넘어서지 못하므로 실천적으로 쓸모없다고들 한다(Ruth Macklin, Dignity is a Useless Concept; Steven Pinker, The Stupidity of Dignity; Wolfgang Lenzen, Fortschritte in der Bioethik?, S. 23; Dagmar Borchers, Menschenwürde in der Angewandten Ethik, S. 129ff.). 그러나 인간존엄성은 자기 결정 그 자체를 의미하는 것이 아니다. 앞에서 설명했듯 인간존엄성은 자기 이익에 대한 자기 결정의 본질적인 구체화, 즉 1차적 이익과 2차적(고차) 이익 사이의 관계를 가리킨다. 추상적 개념의 이런 구체화는 독자적 내용을 가지며 결코 쓸모없지 않다. 참나무의 개념이 나

무의 개념을 구체화한다고 해서 참나무가 독자적 의미를 지니지 않는 것은 아니다. 이를테면 모든 참나무가 가구 제작에 적합하다고 해서 모든 나무가 가구 제작에 적합하다는 뜻은 아니다. 인간존엄성도 마찬가지다. 자기 이익에 대한 자기 결정을 침해할 수 없다고 본다고 해서 자기 결정의 모든 특징에 대해 똑같이 침해 불가를 주장하는 것은 아니다.

게다가 자율성 개념은 인간의 본질적인 사회적 지위(외재적 존엄성)도, 그 지위의 변할 수 없는 동등성(평등적 존엄성)도, 인간존엄성의 경제적 혹은 물질적 실현 조건도 포괄하지 못한다. 따라서 인간존엄성 개념은 자율성 개념과 구별되는 본질적이고 독자적인 내용을 지닌다.

노르베르트 회르스터는 인간존엄성 개념을 "어떤 기술적記述的 내용도 없이 규범적으로 채색된 구호"로 여긴다(Norbert Hoerster, Ethik des Embryonenschutzes, S. 24). 프란츠 요제프 베츠에게도 인간존엄성은 하나의 환상이다(Franz Josef Wetz, Illusion Menschenwürde). 그러나 지금까지의 검토가 보여주듯 인간존엄성은 기술적 내용이 없는 공허한 구호도 아니고 환상도 아니다. 인간의 2차적 소망과 목표, 본질적인 사회적 지위와 그 실제 조건은 적어도 간접적으로 지각할 수 있는 사실이다. 수 세기 동안 수많은 나라에서 입헌자, 정치가, 철학자들이 국제적 수준에서 줄곧 공허한 말만 늘어놓고 환상에 젖어 있었다고 믿는다면 이는 그들의 인식능력을 매우 낮게 평가하는 것이며, 그 믿음에 대한 타당한 근거를 제시해야 할 것이다. 자기 이익에 대한 자기 결정이든 사회적 지위든 의심할 근거는 없다. 게다가 인간은 자기 이익에 커다란 이해관심을 가지므로 인간존엄성 개념은 결코 없어도 되는 개념이 아니다.

7) 인간존엄성 또는 인간존엄성 보호의 담지자는 누구인가?

인간존엄성은 어떤 존재에게 귀속하는가? 이 질문에서는 앞서 언급한 인간존엄성의 (부분)개념들을 신중하게 구분해야 한다. 또한 '윤리적' 평가와 '법적' 평가를 구분해야 한다. 마지막으로 '인간존엄성'의 실제 '속성'과 규범적 '인간존엄성 보호', 즉 '인간존엄성을 존중할 의무'를 정확히 구분해야 한다.

인간존엄성의 실제 속성과 규범적 인간존엄성 보호의 구분은 특히 행위가 오랜 시간이 지난 뒤에 영향을 미칠 때 중요하다. 이 핵심적 차이를 더 잘 이해하기 위해 다음과 같은 예를 생각해볼 수 있다. 30세 A가 자신이 사는 단지 마당에 시한장치가 달린 폭탄을 묻는데, 이 장치는 120년 뒤에야 폭발하도록 설정되어 있다. 이 폭탄이 폭발하면 매우 많은 사람이 목숨을 잃을 것이다. 그들 중에는 지금 존재하는 이는 아무도 없고, 폭탄이 터질 때 A는 이미 세상에 없다. 그렇지만 A는 폭탄을 묻는 순간에 이미 도덕적으로 그리고 법적으로 살인 금지 규범을 위반한다(살인미수로 처벌할 수 있다). 비록 폭탄이 실제로 터져 사람을 죽이게 되는 최종 결과가 아직 발생하지 않은 데다가, 어쩌면 기폭 장치가 고장 나거나 그 전에 폭탄이 해체되어 영원히 폭탄이 터지지 않을 수도 있지만 말이다. 이는 다음을 뜻한다. 미래에 영향이 발생하는 행위는 그 결과가 나중에야 나타나거나 아예 일어나지 않더라도 그리고 그때 이해관계자들이 아직 존재하지 않거나 결과 발생 시점에 행위자가 이미 사라졌더라도, 행위가 이루어진 바로 그때부터 도덕적, 법적으로 비난받을 수 있다. 윤리적, 도덕적, 법적 평가는 (물론 뒤집힐 수 없다는 뜻은 아니지만) 문제가 되는 그 행위 자체를 기준으로 이미 가능한데, 어떤 특정 결과가 일어날 가능성이 있고 예측 가능하고 회피 가능하다면 그렇다. 몇몇 결과주의자들이 주장하는 바와 달리, 평가를 위해 결과가 실제로 일어날 때까지 기다릴 필요는 없다. 따라서 미래 세대의 이해관심은 비록 미래 세대의 개별 인물들이 아직 존재하지 않거나 특정 개인으로 식별할 수 없더라도 지금부터 고려해야 한다. 다만 논의할 수 있는 쟁점은 미래 인간들의 이해관심이 얼마나 무게를 지니는가 하는 점뿐이다.

한 개인의 자기 이익에 대한 자기 결정은 심리적 사실로서 이른 아동기에야 비로소 형성되어 죽음과 함께 끝난다. 이 기간에는 그 자기 결정의 실재를 의심할 여지가 없고, 따라서 자신의 본질적 존엄성을 존중해야 하는 규범적 의무 또한 마찬가지다. 하지만 그 이전과 이후는 어떻게 볼 것인가?

그 이전과 이후의 시기에 대해서는 비록 자기 이익에 대한 자기 결정의 속성이 개인적인 심리적 사실로서 아직 형성되지 않았거나 더는 존재하지 않더라도, 규범적 측면에서 인간존엄성 보호를 긍정해야 하는지 물어야 한다. 이를 위해서는 적어도 다음 네 가지 전략이 있다.

⑴ 첫 번째 전략은 사실 인식의 실제적 불확실성과 규범적 의무에 요구되는 확실성 사이의 간극을 짚는다.

자기 이익에 대한 자기 결정이 유아에게서 언제 생기는지 불확실하므로 규범적 인간존엄성 보호는 의심의 여지 없이 실제로 적용할 수 있는 확실한 시점을 제시해야 한다. 인간존엄성 보호의 시작 시점은 출생일 것이다. 그 이후의 모든 시점은 불확실하고 실제로 적용하기 어렵기 때문이다. 그렇다면 출생 이전과 죽음 이후의 기간은 어떻게 볼 것인가?

(2) 두 번째 전략은 인간존엄성 보호의 시점을 앞당기려는 시도로, 배아가 태어난 아이에 대한 잠재성을 지닌다거나 배아와 태어난 아이가 동일하다거나 아이와 배아 사이에 연속성이 있다고 주장한다(비판적 검토로는 Frank Dietrich/Frank Czerner, Menschenwürde und vorgeburtliches Leben, S. 496ff. 참조). 여기서 논증을 자세히 다루지 않더라도 공통점은 분명하다. 잠재성, 동일성, 연속성은 추가적 사실로, 배아와 태어난 아이를 하나의 존재 또는 개체로 규정할 때 사실적으로 적용될지는 몰라도 자기 이익에 대한 자기 결정이라는 문제의 속성에는 해당하지 않는다. 이 전략의 아킬레스건은 여기에 있다. 배아에 관한 이런 추가적 사실 규정만으로는 자기 결정이라는 속성이 실제로 아직 존재하지 않는데도 이

를 보호해야 한다는 결론을 뒷받침할 수 없다.

(3) 세 번째 전략은 실제적인 가정 면에서 더 간명해서 그만큼 더 설득력이 있다. 이 전략은 미래에 영향이 발생하는 행위에서 특히 중요한 침해 행위와 침해 결과의 실제 발생을 구분하자는 위의 언급을 상기시킨다. 자기 이익에 대한 자기 결정이라는 심리적 사실의 실제 침해는 아이가 태어난 뒤에 발생하더라도 그 침해 행위는 출생 이전에도 윤리적, 도덕적, 법적으로 비난받을 수 있다. 예를 들어 배아를 변형하거나 손상하여 자기 이익에 대한 자기 결정 능력을 갖지 못하게 하거나 제한적 수준으로만 형성되게 하여 현저히 낮은 인지 능력으로 살아가게 하는 행위는 윤리적으로 명백히 비난받아 마땅하다. 따라서 인간존엄성 보호는 자기 이익에 대한 자기 결정의 사실적 속성이 실현되기 전에 시작된다. 이 보호는 의무이자 권리이므로 배아의 특정 발달 단계를 기준으로 보호 시점을 정할 수도 없고 필요도 없다. 가령 누군가가 고의로 혹은 최소한 과실로 독성 물질을 살포하여 장차 인간의 난자나 정자를 손상해 그 난자, 정자로부터 생겨날 사람들이 자기 이익에 대한 자기 결정을 전혀 펼칠 수 없게 만든다면, 이는 묻힌 폭탄의 사

례와 마찬가지로 살포한 그 시점부터 이미 윤리적으로 비난받아 마땅하며 인간존엄성 침해에 해당한다. 그래서 세 번째 전략은 두 번째 전략과 달리 설득력이 있어 인간존엄성 보호의 시점을 앞당긴다. 배아가 형성되기 전부터 그 장래의 자기 결정은 보호 대상이며, 배아가 형성되는 순간 그 보호는 개별 인간에게 구체적으로 적용된다.

(4) 마지막으로 네 번째 전략은 인간존엄성 보호가 죽음 이후에도 이어진다고 본다. 이 전략의 출발점은 1차적 이해관심에 대한 주목이다. 1차적 이해관심, 즉 1차적 수준의 추동, 욕구, 소망, 목표는 미래 지향적일 수 있고, 그 미래는 담지자의 죽음 이후에도 존재할 수 있다. 가령 생전에 작성한 유언장은 유언자가 사망한 뒤에도 그 의지를 따르도록 우리에게 윤리적, 법적으로 의무를 부과한다. 사망 후에도 한 개인의 소망과 목표는 여전히 유효하며 고려되어야 한다. 이를테면 자신의 시신 처리 방식에 관한 생전의 유언처럼 말이다. 문제는 이런 장래 효력이 2차적 이익에도 적용되는가 하는 점이다. 애초에 2차적 이익은 실재하는 1차적 이익을 전제로 하며, 이 1차적 이익은 사실상 죽음과 함께 소멸한다.

우리는 살아 있는 동안, 자신의 시신 처리에 대한 1차적 소망이 사후에 가족과 기관에 의해 온전히 지켜지기를 바란다. 하지만 사후 2차적 이익의 방향은 오직 1차적 소망의 내용과 그 충족에만 국한될 뿐 자기 이익에 대한 2차적 자기 결정, 즉 해당 이익에 대해 결정하고 변경하는 행위에는 미치지 못한다. 사후에는 실재하는 1차적, 2차적 이익 자체가 없으므로 그런 결정은 더는 이루어질 수 없다. 그래서 이 네 번째 전략은 본질적 존엄성 보호를 사후로 확대하는 결론으로 이어지지 않는다.

(5) 잠든 사람이나 혼수상태에 있는 사람, 심각한 정신장애를 가진 사람의 본질적 존엄성은 어떻게 판단해야 할까? 잠든 사람은 자기 이익에 대한 자기 결정의 속성을 상실한 게 아니라 잠시 그리고 언제든 바뀔 수 있는 방식으로 자기 결정을 행사하지 않을 뿐이다. 따라서 잠든 사람은 본질적 존엄성의 속성을 지니며, 그에 따라 규범적 인간존엄성 보호 또한 그에게 제한 없이 적용된다. 혼수상태에 있는 사람 역시 아무리 심각한 상황이라도 의식 불명 상태의 향후 경과를 확실히 예측할 수 없다. 그는 언제든 다시 깨어날 수 있다. 그래서 앞서 언급한 윤리적 신중함에 관한 첫 번째 전략에 따

라 혼수상태에 있는 사람에게는 인간존엄성 보호의 규범적 의무가 아무 제한 없이 부여된다. 심각한 정신장애를 가진 사람도 마찬가지다. 해당 개인이 자기 이익에 대한 자기 결정 능력을 최소한이라도 갖지 않았는지, 혹은 적어도 (다시) 갖게 될지는 단정할 수 없다. 따라서 첫 번째 전략에 비추어 볼 때 자기 결정 보호의 규범적 내용은 단지 예측에만 근거한 외부의 부정적 결정을 전면 금지한다.

의사가 (가령 뇌사와 같이) 자기 이익에 대한 자기 결정 능력이나 일반적인 정신 능력, 즉 뇌 기능에 대해 앞으로도 지속적으로 확실하게 부정적 판단을 내릴 수 있다고 확신하는 흔치 않은 상황에서라도 다음을 유념해야 한다. 윤리적 의무는 유형화되어야 한다는 것이다. 그러므로 이런 상황에도 무엇보다 먼저 모든 인간을 인간존엄성의 담지자로서 존중해야 한다는 일반적인 윤리 의무가 적용된다. 이런 일반적인 윤리 의무에 기초하는 실제 가정(즉 당사자가 자기 결정 능력을 갖는다는 가정-옮긴이)을 개별 사례에서 부정하면 단순히 해당 상황에서 직접적인 자기 결정 보호의 필요성을 부인하는 것을 넘어 당사자에 대한 규범적 외부 결정을 함의하게 되는데, 이는 아무도 다른 사람을 외부 결정해서는 안 된다는 윤리 원칙과 배치된다. 따라서 모든 실천적 귀결은 당사자를 인간으로 대우하고 그의 이익을 존중하는 것이어야 하며, 이는 본인의 과거 의사표시를 고려하거나 대리인의 동의를 전제로 해야 한다.

⑹ 본질적인 사회적 지위라는 외재적 존엄성의 담지자는 누구인가? 인간은 출생과 함께 사회적 지위를 갖는다. 이 지위는 죽어서도 이어진다. 죽은 후에도 고인의 생전 이익과는 달리 그 지위가 격하될 수 있기 때문이다. 이는 평등의 측면(평등적 존엄성-옮긴이)에서도 마찬가지다. 그래서 인간의 본질적인 사회적 지위는 출생에서 시작해서 사후까지 이어지며, 이는 모든 정신적 속성과 무관하다. 그러므로 죽은 사람의 외재적 존엄성과 평등적 존엄성도 침해될 수 있는데, 예를 들어 아킬레우스가 전차에 헥토르의 시신을 묶어 트로이성을 세 바퀴나 끌고 돈 것과 같은 행위가 여기에 해당한다. 망자를 정중하게 다루지 않는 자는 그의 인간존엄성을 침해하는 것이다.

본질적 존엄성과 마찬가지로 외재적 또는 평등적 존엄성 역시 태어나기 전부터 장래 영향을 미치는 행위를 통해 침해될 수 있다. 따라서 아이가 태어나기 전이라도, 이를테면 그 아이를 특정 민족이나 국가의 장차 구성원으로 규정해 비하하는 행위는 윤리적으로 비난받을 일이다. 비록 사회적 지위에 대한 침해의 실제 영향이 아이가 태어난 후에야 발생할지라도 말이다. 경제적 존엄성 조건의 물질적 조건은 결국 시간적 한계가 없다. 여기서도 미래에 영향을 미치는 행위에 대하여 선행 보호가 적용된다.

정치와 법이 자기 이익에 대한 자기 결정의 사실적 속성, 본질적인 사회적 지위, 존엄성의 경제적 조건의 다양한 형태와 시간적 차원을 실질적 근거들로 정밀하게 구분하기란 분명 불가능하다. 정치와 법은 인간존엄성에 대한 모든 침해에 포괄적으로 대응해야 한다. 포괄적 대응을 목적으로, 기본법 제1조와 같이 추상적인 규정에서는 세밀한 시간적 구분이나 제한을 금지한다.

(7) 인간존엄성 이외에 다른 생명체의 존엄성, 즉 동물의 존엄성이나 심지어 식물의 존엄성이 있는지는 논쟁적이다(Kurt Seelmann/Daniela Demko, Rechtsphilosophie, S. 263ff.). 스위스연방 헌법 제120조는 '피조물의 존엄성'을 확립하고, 스위스동물보호법의 제1조도 독일과 오스트

리아의 동물보호법과 달리 동물의 존엄성에 관하여 명시하고 있다. 동물이 자기 이익에 대한 자기 결정을 할 수 있는지 의심스러우므로 본질적 존엄성에 비추어 동물 존엄은 회의적으로 접근할 수밖에 없다(물론 동물에게서도 자기 이익에 대한 자기 결정이 확인된다면 얘기는 달라진다). 외재적 존엄성과 관련해서도 동물이 사회적 지위를 갖는 것 자체가 어떻게 가능한지, 인간이 실제로 이를 침해할 수 있는지 등이 의문이다(관련 논의는 Dietmar von der Pfordten, Tierwürde nach Analogie der Menschenwürde? 참조). 어쨌든 현재 동물 보호에 관해서는 무엇보다 동물의 1차적 이익을 진지하게 다루는 일이 실질적으로 훨씬 더 중요하다.

8) 인간존엄성은 불가침인가?

독일 기본법과 유럽연합기본권헌장의 제1조는 인간존엄성은 '불가침'이라고 선언한다. 이는 두 가지 방식으로 이해할 수 있다. 하나는 '기술적記述的' 이해고 다른 하나는 '규정적' 이해다. 기술적 이해에서는 인간의 존엄성을 누구도 박탈할 수 없다고 주장하는데, 이는 존엄성을 침해할 수는 있어도 완전히 없앨 수는 없다는 의미다. 규정적 이해에서는 인간존엄성이 다른 권리나 이익과 비교형량比較衡量할 수 없으며 어떤 경우에도 절대적으로 유효하다고 주장한다. 이 절에서는 기술적 이해를 다루고 규정적 이해는 다음 절에서 다룬다.

자기 이익에 대한 자기 결정이라는 본질적 존엄성은 고문, 노예제도, 강제 노동과 같은 극단적 상황에서도 다른 사람이 이 속성을 당사자 개인에게서 완전히 박탈할 수 없다는 점에서 사실상 불가침이다. 가장 심한 제약 아래에서도 인간은 자기 이익에 대한 자기 결정을 할 수 있는 정신적 존재로 남는다. 본질적 존엄성을 포함한 인간의 모든 속성을 없애려면 그를 죽여서 인간존엄성의 자연적 전제 조건인 생명을 끊어야 한다. 하지만 고문, 노예제도, 강제 노동의 사례에서 보듯 존엄성은 침해될 수 있다. 다시 말해 그 존엄성을 행사하는 데 제한을 받는다. 이는 자기 이익에 대한 자기 결정이 당사자의 의지에 반하여 현저히 위축될 때 발생한다. 반면에 공동체에서 인간의 본질적인 사회적 지위와 관련된 외재적 또는 평등적 존엄성은 침해될 뿐만 아니라 살아 있는 동안에도 사실상 전부 박탈될 수 있다. 공동체에서 추방을 예로 들면, 중세에는 범죄자에게 '법의 보호밖에 놓인 존재vogelfrei'임을 선언했다. 고대 도시국가는 일정 기간 추방하는 도편추방을 제도화해 유죄로 판정한 개인의 사회적 지위를 한시적으로 박탈했다. 하지만 사회적 공동체로부터 추방되어도 완전히 파괴될 수 없는 것은 사회적 지위와 관련된 개인의 독자적 자기 존중이다. 개인은 사회적 지위의 박탈을 부당하고 잘못된 일로 판단하여 자기 존중을 최소한 어느 정도는 지킬 수 있다. 다만 개별 사안에서 개인이 자기 존중을 얼마나 지킬 수 있을지는 불확실하며, 이는 본인의 자신감, 친지와 친구의 도움, 심리적·종교적·철학적 조언과 지지 등 많은 요인에 따라 달라진다. 어쨌든 사회적 지위의 상실은 실제로 거의 완전한 자기 존중의 상실로 이어지기도 한다.

인간존엄성의 물질적 전제 조건, 즉 경제적 존엄성 조건은 해당 당사자에게서 완전히 박탈될 수 있다.

따라서 독일 기본법과 유럽연합기본권헌장의 제1조에서 인간존엄성은 불가침이라고 할 때 기술적 또는 사실적 차원에서 이 말에 온전히 들어맞는 것은 본질적 존엄성뿐이다. 외재적 또는 평등적 존엄성은 인간존엄성의 침해에도 불구하고 개인이 지켜낼 수 있는 자기 존중의 몫에 한해서만 해당한다. 이에 비해 경제적 존엄성 조건은 사실적 불가침성이 성립하지 않는다.

9) 인간존엄성은 비교형량이 불가능한가?

인간존엄성이 '규범적으로' 불가침인지, 다시 말해 비교형량해서는 '안 되는지에' 답하기 위해서는 세 가지 차원을 구분해야 한다. ① 2차적 정당화 질서로서 윤리, ② 2차적 정당화 질서로서 윤리가 도덕, 법, 정치와 같은 1차적 규범 질서에 제기하는 규범적 요구, ③ 도덕, 법, 정치와 같이 실제로 존재하는 1차적 규범 질서가 그 것이다.

① 2차적 정당화 질서로서 윤리에 관해서는 다음과 같은 사례를 생각해보자(Dietmar von der Pfordten, Ist staatliche Folter als fernwirkende Nothilfe ethisch erlaubt? 참조).

사례(1) 사인私人**의 정당방위:** A가 B를 인질로 잡고 손발을 묶어 지하실에 감금한 채 살해하겠다고 위협한다. B는 간신히 손의 결박을 푸는 데 성공한다. A가 다시 지하실로 들어오자, B는 A에게 달려들어 상당한 고통을 가하며 발목 결박을 풀 열쇠를 내놓으라고 한다.

여기서는 고문과 유사하다고 볼만한 B의 정당방위를 정당하다고 보는 데 대체로 이견이 없을 것이다. 적어도 A가 매우 중대한 부상을 입지 않았다는 전제하에서 그렇다. 이 직관을 윤리적으로 어떻게 정당화할지는 잠시 미루고 사례를 조금 변형해보자.

사례(2) 사인의 긴급구조: A가 B와 C를 지하실에 인질로 잡아 가두고 살해하겠다고 위협한다. C는 자신의 결박을 푸는 데 성공했다. A가 지하실로 다시 들어오자 C는 B의 결박을 푸는 열쇠를 내놓게 하려고 A에게 달려들어 상당한 고통을 가한다. 여기에서도 이러한 긴급구조는 정당하다고 볼 것이다. 적어도 A가 매우 중대한 부상을 입지 않았다는 전제하에서 그렇다.

두 사례는 사인 사이의 윤리적, 도덕적 관계에서 정당방위나 긴급구조와 같은 특수한 경우 가해자의 인간존엄성 보호가 피해자의 인간존엄성이나 신체, 생명, 자유와 같은 이익에 우선하지 않는다는 점을 보여준다. 이로부터 사인 간의 도덕적 관계에서 인간존엄성의 이익은 비교형량하는 것이 불가능한 대상으로 여겨질 수 없다는 결론이 나온다. 이는 본질적 존엄성뿐만 아니라 다른 모든 형태의 인간존엄성에도 해당한다. 사실 다른 결론은 추상적으로 설명하기도 어려울 것이다. 모든 세속 윤리의 본질은 상충하는 이익들을 비교형량, 즉 비교하고 평가하는 데 있기 때문이다. 하지만 이 결론으로부터 윤리가 도덕, 정치, 법과 같은 1차적 규범에 요구하는 바가 무엇인지 그리고 이러한 규범 질서가 실제로 어떤 형태인지라는 두 가지 다른 비교형량 문제에서도 동일한 결론이 도출된다고 보아서는 안 된다. 이에 관해서는 다음 사례를 보자.

사례(3) 국가기관의 정당방위: 사례(1)과 같지만 B가 경찰관이다. 이때도 사례(1)과 마찬가지로 정당방위를 이유로 상당한 고통을 가하는 것이 정당하다고 볼 것이다. B가 경찰관이라는 차이는 그 자신이 인질 범행의 피해자라는 상황에서 결정적 역할을 하지 않는다.

사례(4) 국가기관의 긴급구조: 사례(2)와 같지만 C가 경찰관이다. 이때에도 사례(2)와 마찬가지로 긴급구조는 정당한 것으로 여긴다. 급박하게 진행 중인 인질 상황에 맞서 직접적인 긴급구조가 이루어진 이상 C가 경찰관이라는 사실은 결정적 역할을 하지 않는다.

사례(5) 원격 사인의 긴급구조: 상황은 사례(2)와 같다. C는 멀리서 인질극을 보고 있었으나 B를 도울 수 없었다. 며칠 후 A를 우연히 길에서 마주친 C는 경찰관의 도움을 제때 받을 수 없자, A에게 달려들어 B를 가둬둔 은신처를 털어놓게 하려고 상당한 고통을 가한다. B에게는 심각한 생명의 위협이 있는 상황이므로 이는 사실상 유일한 구출 기회로 보인다. 이 사례는 앞선 사례들보다 훨씬 더 논란의 여지가 많을 것이다. 그럼에도 다수는 사례(2)와 마찬가지로 C의 고문 행위를 윤리적으로 허용된다고 볼지도 모른다.

사례(6) 원격 국가기관의 긴급구조: A가 B를 알려지지 않은 은신처에 인질로 잡아두고 있는 것으로 추정된다. 경찰관이 A를 체포한다. A가 B를 가둬둔 은신처를 밝히지 않자, 경찰관 C는 경찰서에서 신문하면서 큰 고통을 주겠다고 위협하고 급기야 실제로 고통을 가해 은신처를 알아내려 한다. B에게 생명의 위협이 있는 만큼 이는 사실상 유일한 구출 기회로 보인다. 이는 원격 국가기관의 긴급구조를 위한 고문이라는 매우 논쟁적인 사례다.

사례(6)은 2004년 프랑크푸르트 지방법원에서 판결된 바 있는데, 당시 사건의 정황과 판결은 다음과 같다. 경찰서 부서장 다슈너는 고문을 해서라도 납치된 은행가의 아들 야코프 폰 메츨러가 있는 은신처를 인질범 게

프겐에게서 알아내라고 경찰관 E에게 지시했다. 다만 경찰관 E의 협박에 겁먹은 인질범 게프겐이 곧바로 은신처를 자백했으므로 고문은 위협에 그쳤고 그곳에서 인질은 사망한 채 발견되었다. 법원은 E에게 직무상 강요죄를, 다슈너에게는 부하에 대한 범죄유인죄를 인정했고 벌금형의 선고유예를 전제로 한 경고 처분을 내렸다(LG Frankfurt am Main, NJW 2005, 692).

사례(7) 수많은 사람을 구하기 위한 원격 국가기관의 긴급구조: A가 수백만 명이 거주하는 대도시에 원자폭탄을 숨긴다. 경찰은 A를 체포한다. 경찰서에서 경찰관 C는 은닉 장소를 알아내기 위해 심문 중 A에게 상당한 고통을 주겠다고 협박하고 결국 고통을 가한다. 이는 학계에서 논의되고 있는 수백만 명을 구하기 위한 원격 국가기관의 긴급구조로서 고문 사례다.

이런 사례에 관한 논의는 3장에서 개괄한 '규범 개체주의'의 윤리에 기초한다. 그렇다면 개인들의 이익은 어떻게 비교형량해야 할까? 이에 대해서는 다음과 같은 비교형량 원리가 적용된다. 개인의 이익이 실현되는 데 다른 사람이나 공동체에 더 많이 의존할수록 해당 개인은 다른 사람이나 공동체가 그 이해관심을 비교형량에서 상대화하는 것을 더 많이 감수해야 한다(Dietmar von der Pfordten, Normative Ethik, S. 210ff.). 이를 이상형의 형태에서 연속선을 그리면서 출발해보자. 한쪽 끝에는 이해관심 실현이 각각 관련된 다른 사람이나 특정 공동체에 거의 또는 전혀 의존하지 않고 이들에 의해 촉진될 수만 있는 이해관심이 놓인다. 예를 들어 본질적 존엄성, 생명, 신체의 온전성, 사고, 의지 등이 여기에 속한다. 이런 이해관심은 지구상의 모든 나라, 모든 문화와 사회에서 실현되며, 한결같이 평등 원리가 적용된다. 다른 한쪽 끝에는 특정 사회 공동체에 거의 전적으로 의존하는 이해관심들이 있다. 예를 들어 박물관과 같은 공공시설이나 대중교통을 이용하려는 이해관심, 공동의 의사소통과 공동의 경제 활동에 참여하려는 이해관심 등으로, 여기서는 무엇보다 최대화 원리가 적용된다. 두 극단 사이에는 가령 경제 활동, 재산, 표현 및 종교의 자유 같은 개인 행위에 관한 이해관심들이 자리하는데, 고전적 인권의 대부분이 여기에 속한다.

　고문받지 않을 이해관심(권익)은 각각 공동체에 거의 의존하지 않는 두 가지 이해관심, 즉 자신의 신체를 온전히 보전하려는 이해관심과 자기 의지에 따라 행동하려는 이해관심이 이어져 있다. 두 이해관심이 공동체에 의존하지 않으니 고문받지 않을 이해관심 역시 공동체에 의존하지 않는다. 모든 사람은 어느 나라, 어느 시대에서든 고문받지 않기를 기대한다. 따라서 고문받지 않을 이해관심(더 일반적으로는 본질적 존엄성)은 개별 이해관심의 상대적 개인 또는 공동체 의존성 원리에 따라 사회적 상대화로부터 최대한 벗어나도록 지켜야 한다. 이는 무고한 사람에게는 거의 절대적이라고 간주해야 한다. 단, 다른 사람의 이해관심을 불법으로 해친 자에게 제한을 가하는 것은 타당하며, 이때는 정당방위나 긴급구조가 허용된다.

피해자의 정당방위 권리와 행위자가 다른 사람의 이해관심을 존중할 의무는 동전의 양면과 같다. 행위자가 다른 사람의 이해관심 영역을 침범할 정당화를 갖추지 못한 만큼 피해자는 정당방위로 그 이해관심 영역의 침범을 거부할 수 있다. 물림이나 거부의 대립은 좁은 의미의 모든 도덕과 윤리에 깔려 있는 행위자와 피해자의 대립에서 나온다. 따라서 자기 이해관심 영역에 대한 침해를 막으려는 정당방위는 원칙상 윤리적으로 허용된다. 그래서 앞의 사례에서 인질은 스스로 구출할 권리가 있다. 하지만 정당방위라는 정당한 목적이 모든 수단을 정당화하지는 않는다. 그런데도 고통을 가하는 행위와 의지를 꺾는 행위가 정당방위의 수단으로서 원칙적으로 배제되는 것은 아니다. 단, 이런 행위는 적합하고 필요할 때, 더 온건한 수단이 없을 때만 정당방위의 수단으로서 허용된다. 따라서 사인 관계에서 이 두 수단의 결합, 즉 정보를 얻기 위해 상당한 고통을 가하는 행위를 정당방위나 긴급구조의 수단에서 윤리적으로 무조건 배제해야 할 추상적 이유는 보이지 않는다. 그러나 두 수단의 결합은 인간의 의지와 신체, 정신을 갈라놓아 본질적 존엄성을 침해하는 두 해악의 누적으로서 특히 중대하다. 한편, 침해가 있더라도 인간 공동체의 존속이라는 공동 이해관심에서 나온 상호 연대 의무가 존재한다. 이 연대 의무는 정당방위 권리자에게 두 가지 제한을 둔다. 첫째, 정당방위자는 필요한, 즉 가장 온건한 수단을 선택해야 한다. 둘째, 그 수단의 사용은 정당방위가 겨냥하는 목적에 비해 과도해서는 안 된다. (적어도 독일 형법의 윤리적 관점을 따르면) 방위자에게 단순한 손익 계산을 통해 피해를 최소화하라고 요구하지는 않지만 일반적 견해로는 극심한 불균형과 과도함은 윤리적으로도 법적으로도 정당화할 수 없다. 이를테면 마당에서 과일을 훔치는 자를 보고 소리쳐 쫓아낼 수는 있어도 총으로 쏴 죽일 수는 없는 법이다.

사례①에서 온건한 고통 가하기는 정당방위로 정당하다. 여기서 온건한 고문 행위는 저지하려는 공격과 견주어 현저히 불균형하지 않기 때문이다. 사례②에서는 공격받는 사람은 단순히 물리적 수단만 사용할 수 있을 뿐 아니라 다른 사람에게 방어를 맡길 수도 있다. 즉 인질 B는 인질범 A의 공격에 대항하여 C의 도움을 받아 자신을 방어할 수 있다. 이때 C의 도움은 인질 B가 이에 동의하는 한에서 허용된다. 만약 동의하지 않는다면 규범적 개체주의에 비추어 그 도움은 허용될 수 없을 것으로 본다. 누구도 원치 않는 도움을 강요받을 의무는 없다. 기껏해야 다른 사회 구성원의 이익, 가령 범죄 예방이라는 명분으로 C의 행동이 정당화될 수 있는지 정도만 물을 수 있다.

사례③에서는 사례①과 비교하여 인질의 속성이 달라진다. 그런데 여기서 경찰관은 국가권력 기구라는 우월한 조직의 일원으로서 직무를 수행하는 게 아니라 사인처럼 행동하므로 이를 이유로 사례①과 다른 평가를 정당화할 수 없다. 정당방위는 이 경우에도 윤리적으로 허용된다. 사례⑷도 사례⑵와 동일한 평가가 적용된다.

사례⑸, 즉 원격 사인의 긴급구조에서 조력자 C가 인질범 A를 고문하는 행위에는 여러 가지 문제점이 따른다. 모든 관련자가 현장에 있을 때와는 달리, 여기서는 C가 감금된 B의 긴급구조를 실현하기 위해 윤리적으로 허용된 수단인지 단정하기 어렵다. C는 B가 지금도 정말로 도움을 필요로 하는지, 이미 풀려났는지, 또는 사망했는지 알 길이 없다. 한마디로 긴급구조 상황의 사실성이 매우 불확실하다. 따라서 C는 공격의 지속 여부와 강도, 나아가 방어 수단의 필요성과 적절성을 합리적으로 가늠하기 어렵다. 게다가 B가 고문을 통한 도움을 원하는지 C는 모른다. B가 매우 온건한 사람이라면 윤리적으로 문제가 큰 수단을 거부하고 차라리 감금을 감내하려 할지도 모른다. 소크라테스 또는 플라톤식으로 불의를 행하느니 차라리 불의를 당하겠다고 여길 수 있다. 끝으로 C가 실제로 국가기관의 도움을 곧바로 부를 수 있는 상황도 배제할 수 없다. 예를 들어 마침 순찰차가 근처를 지나갈 수도 있다. 이러한 모든 사정을 종합하면 사례⑸에서 C의 고문을 긴급구조의 수단으로 정당화할 수 있는 경우는 아주 분명하고 중대한 상황, 즉 상당히 높은 개연성으로 B가 아직 인질 상태고 생명이 위태롭고 A의 고문을 통한 조력을 동의한 상황이며, 국가의 도움을 기대할 수 없다고 C가 판단한 상황으로 한정된다.

사례⑥에서는 원격 사인의 긴급구조에서 이미 지적한 추가 사정에 국가기관이 행위 주체라는 본질적으로 중요한 사실이 더해진다. 그렇다면 여기서 긴급구조 수단으로서 고문이 특히 문제시되는 이유는 무엇인가? 이에는 주로 두 가지 측면이 있다.

첫째로 남용의 위험이 크다는 점이다. 경찰서에서 심문할 때 경찰관은 사례⑷와 사례⑸처럼 한 개인으로서가 아니라 국가의 전체 공권력과 연결된 채, 원칙적으로 우월한 강제 수단을 갖춘 채 그들의 공간에서 피고문자와 마주한다. 피고문자는 그 공간에서 국가권력이 지닌 우월함 앞에 속수무책으로 내맡겨진다. 이런 우월함은 통제도 제재도 어려운 남용의 길을 모두 열어준다. 피고문자는 엄청난 압박 때문에 입을 다물 수도 있다. 수많은 고문 피해자가 '실종'되고 고문의 남용이 이어온 어두운 역사는 각별한 경계심을 요구한다. 고문은 수천

년 동안 지배자의 주된 위협 도구이자 억압 수단이었다. 최근에 이르러서야 세계 일부 지역에서 고문을 방지하는 데 힘겹게 성공했을 뿐이다.

남용의 위험 강도는 상황에 따라 달라진다. 독재 또는 불법 국가에서는 특히 그 위험이 커서, 그런 국가형태에서는 원격 긴급구조로서의 국가 고문조차도 단호하게 배제해야 한다. 법치국가에서는 남용의 위험이 적지만 여전히 무시할 수 없는 수준이다. 이라크 아부그라이브교도소에서 미군 병사들이 전쟁 포로에게 고문을 가한 사건이 보여주듯이 법치국가에서도 고문이 반복적으로 발생하고 있다. 프랑크푸르트의 야코프 폰 메츨러 사건 판결에서도 경찰이 고문하겠다고 위협하기 전에 더 온건한 온갖 수단을 다 동원해 인질범이 은신처를 밝히도록 해야 했음에도 이를 충분히 하지 않은 것부터가 남용에 해당한다고 지방법원은 인정했다.

둘째로 정치 행위의 특수한 구조 또한 국가에 의한 고문을 윤리적으로 허용하지 않는다. 규범적 개체주의 원리에 따르면 정치 또는 국가 행위는 고유한 최종 정당성 근거를 갖지 못하며, 반드시 대표성을 띤다. 다시 말해 정치 또는 국가 행위는 언제나 정치 공동체 내 사람들을 대표해서 이루어진다. 개인이 정치적 정당성의 최종 원천이다. 개인의 자율성은 국가나 사회에 의해서 만들어지는 것이 아니라 국가나 사회보다 앞선다. 국가와 사회는 개인의 자율성을 인정해야 한다. 인간존엄성은 이런 자율성의 가장 직접적인 발현이다. 고문은 이러한 자율성의 존재 자체를 부정하는데, 고문받는 사람의 의지를 꺾으려 하기 때문이다. 따라서 고문은 정치 지배의 최종 정당성 근거를 부정한다. 정치 행위에는 개인윤리의 단순한 이해관심 비교형량을 넘어서는 구성 요소가 더해져야 한다.

우리 모두의 이름으로 고문하는 것이, 즉 개인의 자율성과 인간존엄성을 침해하는 것이 불확실성과 남용의 위험 앞에서 과연 정당화될 수 있는지 물어야 한다. 민주적으로 정당성을 얻은 기관이 다수결로 결정하고 국민 다수가 고문 사용에 찬성한다고 해서 이 문제가 해결되는 것은 아니다. 자율성과 인간존엄성과 함께 개인들에게 정치적 지배의 정당성의 마지막 토대와 관계(접촉)하는 그런 종류의 중요한 행위에서는 인권 문제에서처럼 소수를 보호하고 그들에게 거부권을 부여해야 한다. 국가가 다수결을 이유로 무고한 개인을 죽일 수 없듯이, 다수결을 앞세워 개인을 극히 문제가 많고, 그 자체로 언제나 해롭고, 인간존엄성을 침해하여 극히 중대한 고문 행위의 공범이나 대상이 되도록 강제해서는 안 된다.

여기서 분명 비극적인 비교형량 문제에 직면한다. 한편으로 국가는 납치 피해자에게 가능한 한 최대한 도움을 줘야 할 윤리적 의무가 있고, 피해자에게는 그 도움을 받을 윤리적 권리가 있다. 다른 한편으로 사례⑥에서는 원격의 불확실성, 국가권력 행사의 커다란 남용 위험 그리고 국가가 일반적으로 허용하는 고문이 설명하고 있듯이 심각한 부정적 영향에서 정당한 정치적 대표가 행사하는 권한의 한계가 한데 겹친다. 따라서 인간의 신체라는 상징적 경계를 국가권력 행사의 윤리적 경계로 인정해야 한다. 이 상징적 경계를 넘어 개인의 신체, 존엄성, 생명, 정신에 개입은 허용되지 않지만 예외는 단 하나다. 누군가가 지금 이 순간 다른 사람을 직접 공격하고 있는데 다른 방법이 없어 물리적으로 막아야 할 때만 사인에게 허용되는 좁고 엄격한 의미의 정당방위나 긴급구조로 대응할 수 있다.

사례⑦에서는 사례⑥과 비교해 변수가 다시 한번 달

라진다. 긴급구조 상황의 불확실성이 훨씬 줄어드는데, 인질이 고문을 통한 구조를 원하지 않거나, 이미 스스로 빠져나왔거나, 풀려났거나, 이미 사망했을 가능성이 배제되기 때문이다. 폭탄의 시한장치는 가차 없이 돌아간다. 점화장치가 고장(통상 이런 고장을 기대하기는 어렵다)나지 않는 한 폭탄은 터질 것이다. 경찰에 의한 고문 남용 위험도 상당히 낮아지는데, 인질 구출과 달리 이런 폭탄 사건은 극히 드물어서 고문을 비밀리에 진행하기가 사실상 불가능하기 때문이다. 게다가 예상되는 사망자 수의 막대함은 가해자와 개별 피해자 사이의 직접 비교형량에 영향을 미치지 않는다. 하지만 사실관계의 불확실성이나 국가에 의한 고문 남용 위험처럼 개인을 넘어서는 요소를 따질 때는 참작 사유가 될 수 있다.

마지막으로 가상의 시한폭탄 사례에서는 정치적 대표와 관련한 소수의 거부 논거 역시 더는 같은 무게를 갖지 않는 듯하다. 소수 편에서 이런 거부의 인정과 정치적 실현은 정치 공동체의 존립에 달려 있기 때문이다. 이는 그 존립이 위협받고 있는 집단적 정당방위 상황이다. 따라서 인구 수백만 도시가 폭탄으로 실제 위협받을 때는 정보를 얻기 위해 범죄자의 의지를 꺾는 예외

적 조치를 가하는 일을 윤리적으로 무조건 금지할 수만
은 없다. 하지만 이런 집단 정당방위 상황은 인질극 사
례와는 분명 다르다. 또한 윤리적 금지의 이런 예외는
법과 별개다. 게다가 국가적 차원의 고문을 절대 금지하
는 현행법을 금지가 아닌 허용으로 변경하거나, 그 변경
을 명하거나, 그 변경을 허용한다는 뜻은 결코 아니다.

② 윤리는 현행법에 인간존엄성의 비교형량 불가를
규범화하라고 요구하는가? 윤리적 근거는 일단 실정법
을 위한 정당한 근거다. 하지만 윤리적으로 정당하거나
도덕적으로 요구되는 모든 것을 법으로 온전히 규범화
할 수는 없다. 예를 들어 보통 거짓말 금지와 같은 도덕
적 의무는 포괄적 통제와 제재가 사실상 불가능하므로
법이 강제할 수 없다. 반대로 공증인 앞에서 부동산 매
매계약을 체결하라는 의무처럼 그에 상응하는 도덕적
요구가 딱히 존재하지 않는 법도 있다. 요컨대 법과 도
덕이 금지, 명령, 허용하는 행위들은 서로 완전히 일치
하는 두 집합이 아니라 부분적으로만 겹치는 두 집합
에 가깝다.

법은 일정한 행위를 규율해 특정한 목적을 이루려는

인간 고유의 수단이다. 모든 수단이 그러하듯 윤리 기준을 보장하려는 목적에 비추어 볼 때 법이 부적합하거나 불균형할 수 있다. 고문 문제에 이를 적용해 판단하려면 먼저 법의 몇 가지 일반적 특성을 개괄해야 한다. 오늘날 사회에서 법은 (협회법, 교회법, 스포츠법, 일부 상법, 도메인 할당 등 특수 형태를 제외하면) 대체로 정치적 결정의 산물이다. 이런 경우 법은 정치적 대표의 일부이자 그 수단이다. 법에는 정치 공동체의 근본적인 가치 평가가 반영된다. 법은 일반적이고 공개적이고 공식적이며 많은 부분에서 엄격하게 강제하고 제재와 결부되는 일이 잦다. 법의 결정은 개별 시민의 행위에 강력하고 일반적인 지침이 된다. 이런 속성 때문에 법은 보통의 정치적 결정보다 더 대표성을 띠고 사회 형성적 영향을 미친다. 윤리 역시 일반성을 주장하지만 현실에서는 서로 다른 종교적 신념 등에 기대어 개별적 도덕 체계들이 나란히 존재할 수 있다. 어느 정도는 정치 윤리도 마찬가지다. 가령 민주주의 체제를 기독교도, 불교도, 유대교도, 이슬람교도, 휴머니스트, 공리주의자, 자유주의자 등 다양한 입장에서 지지할 수 있다. 그러나 법은 다르다. 법은 정치적 공동체 내에서 특히 중요한 결정에 관해서는 일반성을 유지해야 하는데, 이는 법질서의 통일성을 지키기 위해 필수적이다.

법이 윤리, 도덕, 단순한 정치와 구별되는 모든 특성은 법 영역에서 절대 고문 금지라는 사회적, 의식적 제약을 훨씬 더 두드러지게 한다. 이는 윤리나 도덕, 정치에서보다 더욱 강하게 나타난다. 특히 국제적 맥락에서는 더욱 그렇다. 고문은 국가권력 남용과 국가에 의한 인간존엄성 침해의 전형이자 가장 심각한 경우다. 따라서 고문을 절대적으로 금지하는 법적 규범은 반드시 지켜져야 하며, 이는 전 세계적으로 고문에 맞서 신뢰할 수 있게 싸우기 위해서도 긴요하다. 이는 특히 나치의 범죄라는 과거를 지닌 독일에서 더욱 그러하다. 1949년 이후 독일연방공화국은 나치가 저지른 인간존엄성 침해를 철저히 거부하는 데서 정당한 정치 공동체로서의 정체성을 상당 부분 확립해왔다. 그러므로 고문 절대 금지에 조금이라도 예외를 둔다면, 독일이 어렵게 회복한 국가의 정당성을 스스로 훼손하는 일이 될 것이다.

고문에 대한 법적 금지는 오직 절대적이고 예외 없는 형태로만 그 예방적 효과를 제대로 발휘할 수 있다. 아주 작은 예외라도 허용한다면 국가권력이 법에 따라 구속, 통제되고 있다는 신뢰를 흔들고 그 정당성을 약화시킬 것이다. 한 번의 예외를 허용하면 곧바로 다음 예외가 뒤따르고, 고문은 실행되고 끝내 제도로 굳어질 위험이 생긴다. 야코프 폰 메츨러 사건처럼 인질이 이미 사망한 경우가 아니라면 인질범을 붙잡아서 고문을 통해 인질을 구출할 수도 있는 실제 상황은 몇 년에 한 번씩 발생할 것이다. 하지만 이런 예외 상황이 결코 일반 법적 고문 금지에서 물러설 이유가 되지는 않는다. 시한폭탄 사례도 실제로 그런 상황이 현실이 될 가능성은 극히 낮다. 숨겨진 폭탄의 존재를 미리 알아차리는 동시에 폭탄이 폭발하기 전에 범인을 체포할 가능성 자체가 극히 희박하기 때문이다. 이처럼 극히 예외적인 몇몇 사건을 근거로 8000만 국민을 위한 법적 제도이자 사회와 의식을 이끄는 고문 금지 규범을 포기할 만한 정당한 이유란 있을 수 없다. 이런 가능성을 따지는 이들은 대개 개별 당사자의 이익을 비교형량하는 추상적 윤리와, 법이 사회와 의식을 형성하는 도구인 현실의 법윤리·법정책을 구분하지 못한다. 법과 같은 일반 제도를 그러한 특수한 사례에 맞춰 재단하려는 시도는 이 제도의 특수성을 무시하고, 경찰 등과 같은 국가기관과 마주치는 수백만 명을 (정당한 상황이든 아니든 상관없이) 고문 위험에 노출시켜 자유와 안전을 잃게 할 것이다. 더 나아가 수백만 시민이 고문을 가하는 경찰을 사적 행동의 본보기로 삼을 수 있다. 사회는 또 더욱 잔혹해질 수밖에 없는데, 구조를 위한 고문이 지닌 지극히 특수하고 미묘한 예외성을 널리 설득하기 어렵기 때문이다.

도덕과 법 규정 사이의 불일치는 원격 긴급구조를 위한 국가기관의 고문 문제에만 있는 게 아니다. 시민 불복종, 저항권, 독재자 살해 등과 같은 예외적 사례에서도 나타난다. 일찍이 아리스토텔레스는 구체적 공정公正(에피에이케이아epieikeia-옮긴이)을 고려함으로써 추상적이고 일반적인 정의가 제한됨을 언급했다(Nikomachische Ethik 1137a31ff.). 폭탄 폭발을 막으려는 구조도 이와 비슷한 경우다. 이는 역사적 전례가 없는 특수한 사례다. 이런 일이 실제로 발생한다면 프랑크푸르트 판결처럼 처벌이 온건하고 상징적일 것임을 예상할 수 있으며, 시민 불복종의 경우와 마찬가지로 이성적인 사람이라면 누구나 인구 수백만의 도시를 구하기 위한 윤리적 의무를 다하기 위해 그 정도 처벌은 기꺼이 감수하리라고 보아야 한다. 사람들에게도 충분히 설명할 수 있는 점은, 이렇게 극히 예외적인 사건에 맞춰 일반 법 규범을 제한하면 오히려 그런 제한을 두지 않을 때보다 자유와 안전의 손실이 더 커진다는 것이다. 따라서 분명한 법윤리적 근거는 고문에 대한 절대적인 법적 금지를 상대화하지 말라고 한다. 애초에 제한 가능성이 논의되는 것은 고문뿐이므로 이런 국가 행위에 대한 절대적 금지는 본질적 존엄성 전반에 해당한다. 그러므로 법은 국가기관에 대하여 본질적 존엄성을 규범적으로 침해할 수 없는, 즉 비교형량 불가로 선언해야 한다. 법은 다른 기본권을 지킨다는 이유로도, 사인에 의한 인간존엄성 침해를 막는다는 이유로도 인간존엄성의 비교형량을 허용해서는 안 된다. 즉 경찰이 인질을 구하기 위해 인질범을 고문하도록 허용해서도 안 된다는 뜻이다.

③ 독일의 법은 인간존엄성 보호를 어떻게 규정하고 있는가? 기본법 제1조는 인간존엄성을 "침해할 수 없다"고 규정함으로써 비교형량할 수 없는 것으로 선언했다. 연방헌법재판소는 다음과 같이 명시했다. "인간존엄성은 모든 기본권의 뿌리로서, 어떤 개별 기본권과도 비교형량할 수 없다"(BVerfGE 93, 266 (293)). 따라서 인간존

엄성에 침해가 발생하면 생명 보호나 종교의 자유 같은 개별 기본권을 내세워 그 침해를 정당화할 수 없다. 이는 오늘날까지 대다수의 주석가가 공유하고 있는 견해다(Christian Starck, GG-Kommentar, zu Art. 1, Rn. 33 ff. mwN.; Horst Dreier, GG-Kommentar, zu Art. 1, Rn. 130).

존엄성이 존엄성에 반하는, 즉 국가가 존엄성 침해를 오직 국가의 존엄성 침해를 통해서만 막을 수 있는 특수한 경우의 법적 상황은 그만큼 분명하지 않다. 이에 관해 연방헌법재판소는 다른 기본권과의 비교형량 문제에서처럼 명확한 판단을 내리지 않았는데, 이는 해당 유형의 사안이 극히 드물고 재판에서 명료한 상황으로 제기된 적도 없기 때문으로 보인다. 독일 법이 '존엄성 대 존엄성'의 충돌 상황에서 비교형량을 허용한다고 보는 견해도 있다. 이에 따르면 경찰이 인질을 가둔 은신처를 알아내기 위해 인질범에게 고통을 가하는 것이 정당화될 수 있다는 논리다(Winfried Brugger, Darf der Staat ausnahmsweise foltern?; Winfried Brugger, Vom unbedingten Verbot der Folter zum bedingten Recht auf Folter?; Christian Starck, GG-Kommentar, zu Art. 1, Rn. 33, 79; Horst Dreier, GG-Kommentar, zu Art. 1, Rn. 133f.). 하지만 '존엄성 대 존엄

성'의 비교형량을 배제하는 학자들도 있다(Thorsten
Kingreen/Ralf Poscher, Grundrechte Rn 521; Matthias Herdegen,
GG-Kommentar, Art. 1, Rn 73. 단, 이는 존엄성의 핵심 부분에만 한
정된다). 이 점과 관련해 기본법 제1조의 문언이 명확하
지 않고 기본법 제정 당시 논의도 분명한 실마리를 제
공하지 않는다는 점은 인정해야 한다. 하지만 기본법 제
104조 제1항 제2문은 구금된 자에 대한 정신적, 신체
적 학대를 명시적으로 금지하고 있다. 그 밖의 경우에
대해서는 기본법 제정자가 이 문제를 판결하는데, 여기
서 더 비중 있는 논거들은 앞서 제시한 법윤리적 고려
를 감안할 때 다른 존엄성 침해를 금지하기 위한 국가
적 존엄성 침해를 전면적으로 금지하는 절대적인 법적
금지를 옹호한다.

④ 인간의 본질적인 사회적 위치, 즉 외재적 또는 평
등적 존엄성은 최고 가치를 제시한다. 특히 그 지위를
가장 극단적으로 파괴하는 조치(국가와 사회처럼 삶에 필수
적인 포괄적 공동체에서 내쫓는 배제)는 사실상 결코 정당화될
수 없다. 본질적 존엄성에서와 마찬가지로 윤리적 관점
에서 비교형량 가능한 극히 예외적인 경우만 상정할 수

있을 뿐이다. 법에 대한 윤리적 요구도 본질적 존엄성과 같다. 외재적 또는 평등적 존엄성 역시 침해할 수 없으므로 비교형량이 불가능하다고 선언해야 한다. 이런 취지에서 기본법 제16조 제1항 제1문은 독일 국적 박탈을 금지한다.

기업이나 협회, 정당, 종교 단체처럼 삶에 필수적이지도 않고 포괄적이지도 않은 공동체에서 배제는 정당할 수 있다. 공동체의 핵심 규칙을 지속적으로 어기는 구성원은 배제해도 정당한 것이다.

인간존엄성의 여러 측면을 떠받치는 물질적 조건, 즉 경제적 존엄성 조건의 경우 생활을 개선하기 위해 물질적 수단을 매우 다양한 방식으로 활용할 수 있으므로 당연히 재량의 폭이 더 크다. 하지만 인간존엄성을 실현하는 데 그 물질적 수단이 필수 불가결하다면 법은 이 수단을 받을 권리 또한 비교형량이 불가능한 것으로 선언해야 한다.

10) 인간존엄성은 보편적으로 성립하고 보편적 의무를 요구하는가?

지금까지의 고찰에 따르면 인간존엄성은 인간의 일

반적이고 필연적인 속성이므로 보편적으로 성립한다는 점에는 의심의 여지가 없다. 자기 이익에 대한 자기 결정, 즉 1차적 이익에 대한 2차적 소망과 목표의 자기 결정이라는 속성은 모든 시대와 모든 문화에서 인간의 본질적 특징이다. 인간존엄성의 속성은 실제적 차원뿐 아니라 규범적 차원도 지니고 있다. 따라서 본질적 존엄성은 단순히 실제적 의미에서 보편적으로 성립할 뿐 아니라 규범적, 윤리적 의미에서도 모든 시대와 모든 문화에서 보편적으로 적용된다.

인간의 본질적인 사회적 지위의 외재적 또는 평등적 존엄성은 그 내용과 형성·소멸의 요인이 시대와 문화에 따라 달라진다. 하지만 모든 인간은 삶의 일정 기간을 공동체에 참여하며 보내므로 적어도 그 기간에는 필연적으로 사회적 지위를 가지며, 이에 따라 외재적 또는 평등적 존엄성 역시 갖게 된다. 이는 아이에게도 이미 해당한다. 가령 한 아이가 운동장이나 인터넷에서 친구에게 모욕을 당하면 아이의 본질적인 사회적 지위는 격하되며, 이는 곧 외재적 또는 평등적 존엄성에 대한 침해를 의미한다.

본질적 존엄성과 외재적 또는 평등적 존엄성이 보편

적으로 성립하고 적용된다면 일반 형태에서 경제적 존엄 조건 역시 그러하다. 본질적, 외재적, 평등적 존엄성은 앞서 밝혔듯이 필연적으로 일정한 물질적 재화를 필요로 하기 때문이다. 따라서 이런 조건 관계의 형식적 사실은 보편적으로 성립하고 보편적으로 적용된다. 다만 그 재화의 내용과 정도는 각 사회의 특수한 생활 여건에 따라 달라진다. 예를 들어 아무도 은행 계좌를 갖지 않는 사회에서는 은행 계좌가 존엄성의 조건이 될 수 없을 것이다. 그러나 거의 모든 사람이 은행 계좌를 가지고 있고 다른 방법으로는 급여를 받거나 집을 임대할 수 없다면 어떨까? 모두에게 은행 계좌를 가질 권리를 인정하지 않는 한, 자기 이익에 대한 자기 결정은 심각하게 제약되고 본질적인 사회적 지위는 부당하게 격화될 것이다. 이는 국가가 변하는 사회적, 경제적 여건을 살피며 인간존엄성을 지키기 위해 어떠한 물질적 전제 조건들을 보장해야 하는지 끊임없이 검토해야 함을 보여준다.

11) 인간존엄성을 포기할 수 있는가?

포기란 자기 이익에 대한 자기 결정, 즉 본질적 존엄성을 스스로 제한할 수 있음을 전제로 한다. 오디세우스는 사이렌의 노랫소리를 듣지 않으려고 부하들의 귀를 막게 하고 자신은 돛대에 몸을 묶었다. 오디세우스는 자기 보호를 위해 1차적 소망과 목표의 치명적 변화를 막았다. 오늘 집에서 유혹에 빠지지 않게 과자 사기를 포기하면 앞으로 소망할 가능성을 스스로 제한한 것이다. 이처럼 우리는 의심할 여지 없이 자기 이익에 대한 자기 결정과 그에 따른 본질적 존엄성을 '개별 측면'에서 스스로 제한할 수 있다.

하지만 개별 측면에서 자기 이익에 대한 자기 결정을 스스로 제한하는 것과, 2차적 이익 전부를 '완전히 포기'하는 것은 구별해야 한다. 그런 완전한 포기는 자살을 제외하면 불가능하다. 2차적 소망과 목표를 완전히 억누르려 한다면 이는 곧 인간으로서의 본질적 정신 능력과 함께 자기 자신을 파괴하게 될 것이다.

자기 이익에 대한 자기 결정을 적어도 개별 측면에서 제한하는 것이 사실상 가능하므로 규범적 차원에서도 개별 측면에서 자기 이익에 대한 자기 결정을 포기할 수 있다. 즉 우리의 개별적인 2차적 소망과 목표를 고려하지 않아도 된다고 다른 사람에게 허용할 수 있다는 것이다. 하지만 스스로 가하는 실제적 제한과 마찬가지

로, 규범적 차원에서의 포기도 오직 제한된 범위 내에
서만 실현될 뿐이고 완전히 실현되지는 않을 것이다. 완
전히 포기해버린다면 인격의 본질적 차원을 가진 인간
으로서 우리 자신을 포기하는 것과 같기 때문이다.

외재적 또는 평등적 존엄성에 관해서는 이렇다. 우리
는 이를 실제적으로도 규범적으로도 개별 측면에서 포
기할 수 있고 특정 공동체에 대해서는 전부 포기할 수
있지만, 완전히 포기할 수는 없다. 인간으로서의 사회
적 지위를 모든 공동체를 상대로, 적어도 여전히 다수
의 인간이 존재하는 한 영구히 내던질 수는 없기 때문
이다.

도덕과 법에서는 상황이 다르다. 여기서도 우리는 2차
적 이익과 사회적 지위의 개별 측면을 실제로 포기할 수
있다. 하지만 다른 사람에 대한 규범적 요구는 윤리와 달
리 전적으로 우리의 손안에 있지 않다. 왜 그런가? 도덕
과 법은 사회적인 규범 질서로서, 보통 그 공동체의 개
별 구성원이나 거주자, 방문자 모두에게 구속력이 있다.
이 구속력은 공동체의 모든 관련자에게 해당하는 공동
의 것이므로 개인이 혼자서 마음대로 포기할 수 없다.
규범적 개체주의 윤리는 당연히 개인 또한 도덕과 법에

서 자기 이익을 마음대로 처분할 수 있어야 한다고 요구한다. 이 점은 본질적 존엄성에 특히 강하게 적용되는데, 그 이유는 두 가지다. 하나는 자기 이익에 대한 자기 결정이 매우 중요한 이해관심이기 때문이고, 다른 하나는 이 이해관심이 앞에서 밝혔듯이(3장 '9) 인간존엄성은 비교형량이 불가능한가?' 참조) 공동체에 거의 또는 전혀 의존하지 않는 내적 속성이기 때문이다. 따라서 공동체는 개인이 자기 이익을 포기하겠다는 결정을 가능한 한 한 발 뒤에서 받아들여야 하는데, 이를 인정하지 않는 것은 해당 개인의 의지에 반하기 때문이다. 다만 이런 포기는 사전 설명이 이루어지고 이에 대한 이해 능력이 있으며 자발적으로 이루어진 경우에 한해 인정해야 한다.

개인이 자신의 인간존엄성의 어떤 측면을 포기하겠다고 해도 법과 도덕이 예외적으로 이를 거부할 수 있는 이유는 무엇인가? 개인의 포기 행위는 항상 일반 실천의 일부다. 그리고 특정한 일반 실천은 사회 내 다른 사람의 이익에 중대한 위험을 초래할 수 있다. 그래서 사회나 정치 공동체는 적어도 규범적 측면과 실제 규범 질서(법과 도덕)에 대하여 개인이 자기 인간존엄성을 임의로 처분하는 일을 무조건 인정해서는 안 된다. 이에 따라 정치 공동체에는 설령 당사자가 사전에 동의하여 인간존엄성 보호를 부분적으로 포기했다 하더라도 고문, 노예제도, 강제 노동 등과 같은 중대한 인간존엄성 침해를 금지할 권한이 있다. 이런 일반 실천을 공동체 내 모든 사람에게 허용할 경우 초래할 인간존엄성에 대한 심각한 위험은 이런 실천에 대한 예외 없는 금지를 정당화하는 결정적 근거가 될 수 있다(3장 '9) 인간존엄성은 비교형량이 불가능한가?' 참조).

12) 인간존엄성은 다른 인권의 기초인가?

어떤 존재가 목표나 소망, 욕구 또는 최소한의 추동이라도 지니고 있다면 그 존재는 윤리적으로 고려해야 한다. 어떤 존재를 윤리적으로 고려할 의무가 성립하는지는 그 존재가 지닌 이익의 존재 여부가 좌우한다. 이때 1차적 이익만으로도 충분하며, 본질적 존엄성을 뒷받침하는 2차적 이익까지는 필요하지 않다. 따라서 동물과 같이 1차적 이익만 있고 2차적 이익은 없어 보이는 존재 역시 그 자체로 윤리적 고려 대상이 되어야 한다(Dietmar von der Pfordten, Normative Ethik, S. 338ff.). 그렇다면 인간의 1차적 이익도 독립적으로 고려해야 하며,

이는 그에 상응하는 인권을 정당화한다. 이에 따라 엄밀히 말해 구성 조건으로서의 인간존엄성은 다른 인권의 필수 기초라고 볼 수 없다.

2차적(고차) 이익은 해당 개인의 자기평가를 더 복잡하게 만들어 1차 이익 사이의 단순한 갈등을 비교형량할 때도 본질적 역할을 한다. 인간은 1차적 이익만 가지지 않고 2차적 차원에서 그것을 평가하고 영향을 미칠 수 있으므로 1차 이익은 그만큼 더 큰 무게를 얻는다. 1차적 이익은 인간처럼 특별히 정교한 존재의 즉, 존재 방식의 구성 조건들의 총체 안에 자리 잡고 있는 것이다. 이런 가치 고양의 관점에서 볼 때 인간존엄성은 다른 인간적 이익이 지니는 중요성과 나아가 다른 인권의 중요성을 떠받치는 근거다.

법에서는 실제 규정 방식이 결정적이다. 독일 기본법에서는 인간존엄성의 존중과 보호에 관한 의무를 규정한 제1조 제1항에 이어 제2항("그러므로 독일 국민은 침해할 수 없고 양도할 수 없는 인권을 (…) 인정한다")에서 '그러므로'라는 표현을 통해 인간존엄성이 다른 인권의 기초를 이룬다고 명시하고 있다. 연방헌법재판소와 다수의 헌법 관련 문헌도 인간존엄성이 다른 인권에 이런 기초

적 성격을 가진다는 점을 긍정한다(BVerfGE 93, 266 (293);
Christian Starck, GG-Kommentar, Art. 1, Rn. 124; Horst Dreier,
GG-Kommentar, Art. 1, 160f., 일부 제한적 논지 포함).

13) 인간존엄성은 인권인가?

앞에서 보았듯이 인간존엄성은 모든 인간이 지니는 이익이다. 문제는 어떤 조건에서 이런 이익이 주관적, 윤리적 권리가 되느냐다(Dietmar von der Pfordten, Normative Ethik, S. 264ff. 참조). 권리의 일반적 귀속과 관련하여 다음 세 가지 요소에 의견이 모인다. (1) 해당 행위에 대해 권리 보유자에게 의무가 있어서는 안 된다. 즉 그 행위는 허용되거나 자유롭게 선택할 수 있어야 한다. (2) 해당 행위에 대한 권리 보유자가 실제로 그 행위를 할 수 있어야 한다. (3) 적어도 규범적으로 관련 있는 두 존재 사이에 관계가 있어야 한다. 자기 자신에게 의무는 있을 수 있어도 자기 자신을 상대로 한 권리는 성립하지 않으며, 권리는 언제나 다른 사람에 대한 권리기 때문이다.

권리를 인정하기 위해 추가로 어떤 요구 사항이 필요한지에 대해서는 논란이 있다. 광의의 이해관심론 또는 수혜자론에 따르면 자격이 있거나 중요하거나, 적어도 어떤 의무를 정당화하는 이해관심이 더해지면 충분하다. 인간존엄성의 경우 이는 추상적으로 시인될 수 있다. 본질적 존엄성은 자기 이익에 대한 매우 중대한 이해관심에 해당하고 외재적 또는 평등적 존엄성도 통상 자신의 사회적 지위에 대한 중요한 이해관심이 인정되므로 이 요구는 의심의 여지가 없다. 협의의 의지론 또는 통제론에 따르면 권리를 인정하려면 해당 권리 보유자가 스스로 획득했든 다른 사람에 의해 부여받았든 특유의 실제 집행 능력을 추가적으로 가지고 있어야 한다. 하지만 이런 요건은 개별 내용의 이해관심에만 특유한 것이 아니므로 실정법 이전의 주관적 권리를 전제한다면 의지론 또는 통제론에 따르더라도 인간존엄성의 존중에 관한 주관적 권리를 인정해야 한다. 따라서 이들 권리와 마찬가지로 인간존엄성도 주관적인 윤리적 권리로 승인해야 한다.

인간존엄성을 윤리적 권리로 인정하면, 법과 도덕 같은 1차적 규범 질서에도 인간존엄성을 권리로 규정하라고 요구할 윤리적 근거가 마련된다. 법과 도덕이 이런 윤리적 요구를 실제로 따를지는 또 다른 문제로, 이는 일반적으로 답할 수 없으며 실제로 존재하는 규범을 검토하여 밝혀야 한다.

독일의 법질서, 특히 기본법 제1조 제1항에는 인간존엄성을 주관적, 법적 권리로 규정한다고 명시되어 있지 않다. 연방헌법재판소는 인간존엄성을 주관적 기본권으로 긍정하지만(BVerfGE 1, 322(343); 12, 113(123); 15, 283(286); 28, 243(263); 61, 126(137); 72, 105(115); 109, 133(149f.)), 학계에서는 이에 대한 논쟁이 있다(찬성하는 입장은 Christian Starck, Komm. Art. 1, Rn. 28ff. 외 다수; 반대하는 입장은 Horst Dreier, Komm. Art. 1, Rn. 121ff. 외 다수). 한편 기본법 제1조 제2항 "그러므로 독일 국민은 침해할 수 없고 양도할 수 없는 인권을 세계의 모든 인류 공동체와 평화 및 정의의 기초로 인정한다"로부터는 더 강한 근거의 최종 결론a fortiori Erst-recht-Schluss과 반대 입장의 결론Umkehrschluss을 모두 이끌어낼 수 있다. 즉 인간존엄성은 다른 인권의 기초이므로 당연히 주관적, 법적 권리로 보아야 한다는 해석도 가능하고, 반대로 그런 주관적, 법적 권리로 보지 않는 해석도 가능하다. 하지만 인간존엄성을 주관적 권리로서 인정하는 것은 더 높은 보호 수준을 전제한다. 신체나 생명과 같은 1차적 이익에는 법적 권리성을 인정하면서도, 정작 이들을 조정하고 인간의 인격을 본질적으로 구성하는 핵심인 2차적 이익에 대해 강화된 보호 수준을 인정하지 않는 것은 모순이다. 더구나 2차적 이익은 편의상 1차적 이익과 떼어내어 따로 다룰 수 있고, 내용 면에서도 개별 기본권을 통해서 보호되지 않는다. 여기에 윤리가 법적 권리로서 인정을 요구한다는 점까지 감안하면, 전체적으로 기본법 제1조 제1항의 인간존엄성도 기본권으로 보아야할 것이다.

14) 인간존엄성을 침해하는 사람은 자신의 존엄성도 떨어뜨리는가?

고문하는 사람이나 노예 소유주는 자신의 행동으로 자신의 존엄성을 떨어뜨리는가? 로베르트 슈페만은 존엄성을 잃는 쪽은 고문을 당하는 사람이 아니라 고문을 하는 사람이라고 보았다. "자신의 존엄성을 잃은 것은 막시밀리안 콜베 신부(프란체스코회 성직자로, 제2차 세계대전 당시 나치에 맞서 유대인을 보호하다가 아우슈비츠수용소에서 처형되었다-옮긴이)도 예지 포피에우슈코 신부(폴란드 천주교 사제이자 반공 인권운동가로, 권위주의 정권에 저항하다가 1984년 납치되어 저수지에 수장당했다-옮긴이)도 아니라 그들을 살해한 자들이다"(Robert Spaemann, Über den Begriff der Menschenwürde, S. 299).

여기서도 본질적 존엄성과 외재적 존엄성, 평등적 존엄성을 구분할 필요가 있다. 고문하는 사람이 피해자의 자기 이익에 대한 자기 결정, 즉 피해자의 본질적 존엄성을 제한한다고 해서 고문하는 사람의 자기 이익에 대한 자기 결정, 다시 말해 가해자의 본질적 존엄성이 떨어지는 것은 아니다. 그러나 가해자의 외재적 존엄성은 사정이 다르다. 다른 사람의 본질적, 외재적, 평등적 존엄성 또는 경제적 존엄성을 침해하는 사람은 누구든 자신의 사회적 평가라는 외재적 존엄성을 떨어뜨린다. 이는 특히 고문 가해자나 노예 소유주, 즉 본질적 존엄성을 침해하는 사람에게서 두드러지지만 남을 모욕하고 깎아내리는 사람(예를 들어 다른 사람에게 침을 뱉는 경우) 역시 자신의 외재적 존엄성을 깎아내린다는 점에서 마찬가지다. 따라서 슈페만의 주장은 가해자의 사회적 지위라는 외재적 존엄성에 대해서만 성립한다.

물론 외재적 존엄성은 실제로 그때그때 사회의 규범과 통념에 적지 않게 좌우된다는 점을 고려해야 한다. 이는 오늘날의 인도적이고 계몽된 사회의 규범과 통념

에 따르면 막시밀리안 콜베와 예지 포피에우슈코 신부
의 살해범들은 자신의 외재적 존엄성을 떨어뜨렸거나
아예 잃었음을 의미한다. 그러나 당시 나치와 공산주의
정권의 하수인들이 속한 사회에서는 사실상 그렇게 평
가하지 않았다. 결국 가해자가 자신의 행위로 외재적
존엄성을 얼마나 깎아내리느냐는 전적으로는 아니지만
상당 부분 그가 사는 사회의 실질적 가치 평가에 달려
있다고 보아야 한다.

4. 인간존엄성의 적용

1) 인간을 평생 수감해도 되는가?

무기징역은 인간존엄성에 반하는가? 독일연방헌법재판소에 따르면 수형자가 상당 기간 복역한 뒤(현재는 15년) 가석방으로 풀려날 현실적이고 법적인 기회를 보장받는다면 무기징역은 인간존엄성을 침해하지 않는다 (BVerfGE 45, 187 (227ff., 245)). 단순히 사면을 받으리라는 희망만으로는 충분하지 않다.

석방의 기회가 없다면 무기징역은 노예제도나 강제노동과 비슷하다. 설령 (쉽게 상상하기 어렵지만) 특정 사례에서 장기 수감이 그 사람의 2차적 이익을 크게 흔들지 않는다 해도 1차적 이익이 전적으로 교도소 상황에 의해 좌우된다면 2차적 이익은 무의미하다는 점을 생각해야 한다. 교도소는 일상을 엄격히 통제하고 생활공간을 비좁게 한정하며, 모든 사회적 접촉을 제한하고 새로운 활동을 펼칠 가능성을 거의 막아버린다. 즉 1차적 이익을 크게 제한한다. 물론 일정 기간 후 석방될 현실적 기회가 있는 유기징역은 수형자가 미래에 다시 1차적 이익을 실현할 수 있다는 최소한의 전망 속에서 여전히 2차적 소망과 목표를 형성할 수 있다. 그러나 예측 가능한 석방의 기회가 없는 무기징역에서는 이런 전망 자체가 차단된다. 따라서 예측 가능한 석방의 기회가 없는 무기징역은 실제로 본질적 존엄성을 침해한다.

2) 단식투쟁 중인 사람에게 강제로 먹여도 되는가?

단식투쟁에 들어간 사람은 자신의 1차적 욕구와 소망에 대해 매우 특별하고 독자적인 판단을 내린 것이다. 이들은 보통 다른 모든 욕구를 능가하는 음식 섭취와 생명 유지라는 기본욕구를 정치적 또는 인도적 항의의 소망에 종속시킨다. 이는 2차적(고차) 결정 수준에서 자신의 1차적 욕구를 상대화하는 능력을 강하게 드러내는 행위이자 자신의 존엄성, 즉 내적 독립성을 명백하게 나타내는 행위다. 강제 급식은 당사자의 이런 독자적 존엄 표명을 억누르므로 적어도 당사자가 의식이 있는 한 본질적 존엄성을 침해한다. 그러나 그가 의식을 잃는다면 의학적 영양 공급은 본질적 존엄성을 침해하지 않는다. 의학적 영양 공급을 본래 의미의 강제 급식이라 볼 수 없기 때문이다. 다만 의식 상실 시 의학적 영양 공급을 원치 않는다는 단순한 의사표시 역시 비교형량에서 매우 중대한 이익으로 고려해야 한다.

3) 국가가 거짓말탐지기를 사용해도 되는가?

국가기관의 질문에 개인이 거짓으로 답하는 것은 자신의 이익과 국가의 이해관심을 상위 차원에서 평가한 것이다. 이는 국가의 명령에 따르지 않기로 스스로 결정한 것이며, 이로 인해 거짓이 밝혀질 위험도 감수하는 셈이 된다. 이 과정에서 개인은 욕구, 소망, 목표에 대해 자기 결정을 한다. 하지만 거짓말탐지기는 이러한 2차적 자기 결정, 즉 본질적 존엄성의 행사를 심각하게 제한한다. 따라서 거짓말탐지기 사용은 본질적 존엄성을 침해한다. 이는 진실을 밝혀내기 위해 정신 약물을 사용하는 경우도 마찬가지다.

당사자가 거짓말탐지기 사용에 동의한 경우라면 괜찮은가? 개인의 포기 행위는 항상 일반 실천의 일부며 특정한 실천은 다른 사람의 이익에 중대한 위험을 초래할 수 있다(3장 '11) 인간존엄성을 포기할 수 있는가?' 참조). 따라서 정치 공동체는 설령 당사자가 사전에 동의하여 자신의 인간존엄성 보호를 포기했다 하더라도 고문이나 노예제도, 강제 노동과 같은 중대한 인권침해를 금지할 수 있다. 이런 논리가 거짓말탐지기 사용에도 적용되는가? 사인 간 관계에서는 이를 의심할 수도 있다. 하지만 당사자가 국가기관의 신문에 응하는 상황이라면 그는 훨씬 더 우월한 수단을 가진 권력과 마주하는 것이다. 이는 근본적으로 비대칭 관계다. 협박, 조작, 남용의 위험이 막대하다. 이런 위험은 앞서 언급한 국가기관에 의한 고문의 위험에 비견될 수 있다(3장 '9) 인간존엄성은 비교형량이 불가능한가?' 참조). 이런 이유에서 국가는 수사 과정에서 거짓말탐지기 사용을 삼갈 윤리적 의무가 있다. 독일에서는 이런 윤리적 의무가 법적으로 인정되고 있다(BVerfG NJW 1982, 375; BGHSt 5, 332; 반대 견해는 BGHSt. 44, 308 (315ff.) 참조).

4) 테러리스트에게 납치된 항공기를 격추해도 되는가?

공군 조종사가 다른 사람들의 생명을 구하고자 테러리스트에게 납치된 민간 여객기를 격추할 때 무고한 승객의 죽음을 감수해도 되는가? 이에 대해 독일연방헌법 재판소는 관련 법률에 의한 격추 허가가 인간존엄성을 침해한다고 보았다(BVerfGE 115, 118 (154)).

희생자인 항공기 탑승객이 처한 출구 없음과 도망칠 길 없음 이라는 상황은 항공기 격추를 명령하고 실행하는 자들에게도 동일하게 존재한다. 항공기 승무원과 승객들은 자신들이 전혀 통제할 수 없는 상황 때문에 국가의 이런 결정을 피할 수도 방어할 수도 없이 속수무책으로 내맡겨져 결국 항공기와 함께 고의로 격추되어 거의 확실하게 사망에 이른다. 이런 처사는 희생자들을 존엄성과 양도 불가능한 권리를 가진 주체로 존중하지 않는 것이다. 그들의 죽음을 다른 이들을 구하기 위한 수단으로 삼는 순간 그들은 사물로 전락하는 동시에 권리를 박탈당한다. 국가가 그들의 생사를 일방적으로 처분함으로써 피해자로서 보호받아야 할 항공기 탑승객들은 인간 그 자체로서 갖는 가치를 부정당한다(논의는 Lepsius, Das Luftsicherheitsgesetz und das Grundgesetz 참조).

생명 보호와 인간존엄성 사이의 관계(3장 '1) 자기 이익에 대한 자기 결정권' 참조)를 판단의 출발점으로 삼아야한다. 사람을 살해하는 모든 행위는 자기 이익에 대한그의 자기 결정권 또한 없애버린다. 하지만 살해를 능가하는 중대한 불의가 성립하려면, 예를 들어 고문이나심각한 모욕처럼 자기 이익에 대한 자기 결정 또는 본질적인 사회적 지위를 추가로 침해해야 한다. 이 사건의경우 승객들은 무고하며 공격자가 아니다. 이들은 매우좁은 공간에 갇혀 비행기를 떠날 수도 외부 공격에 대응할 수도 없다. 이들은 어찌할 수 없는 상황에 처해 있다. 따라서 자기 이익에 대한 자기 결정이 극도로 제한된다. 이런 절망적인 상황, 즉 자기 이익에 대한 자기 결정이 극도로 제한된 상황에서 이들이 다른 사람들의 생명을 위해 희생된다면 살해를 넘어선 본질적 존엄성에 대한 침해가 추가된 중대한 불의임을 부인할 수 없다.

5) 착상 전 유전자 진단과 선별은 인간존엄성을 침해하는가?

이른바 착상 전 유전자 진단Preimplantation Genetic Diagnosis, PGD을 통해 시험관에서 생성된 배아에서 세포를 일부 채취해 유전형질을 검사할 수 있다. PGD의 주요 목적은 유전병이나 염색체 이상을 확인한 다음, 건

강한 배아를 선별하여 모체에 착상시키고 나머지 배아는 죽게 하는 데 있다. PGD는 이른바 구세주 형제savior sibling를 선별해 다른 아이의 치료를 돕거나, 배아의 성별, 생김새 등 기타 유전적, 형질적 특성을 선택하거나, 순수 연구 목적으로도 사용할 수 있다. 독일에서는 2011년부터 배아보호법 제3a조 제2항에 따라 PGD와 선별을 제한적으로 허용하고 있다. 부모의 유전적 소인으로 인해 중대한 유전병이 의심되거나, 높은 개연성으로 유산 또는 사산에 이르는 중대한 손상이 배아에서 발생할 것으로 예상되는 경우에 한해 PGD와 선별을 허용한다. PGD와 선별에 관해 다른 나라들의 규제는 엇갈린다. 이탈리아, 오스트리아, 스위스는 전면 금지하고, 네덜란드는 독일처럼 중대한 유전적 이상을 막기 위한 목적으로 허용한다. 벨기에, 포르투갈은 한 걸음 더 나아가 '구세주 형제' 생성까지 허용하며, 이에 더해 미국은 성별이나 기타 특성 선택까지 더 폭넓게 허용하고 있다.

배아는 형성되기 전부터 본질적이든 외재적이든 평등적이든 인간존엄성을 침해하는 행위로부터 보호받는다 (3장 '7) 인간존엄성 또는 인간존엄성 보호의 담지자는 누구인가?' 참조). 이는 그 배아가 태내에서 자라든 시험관 안에서 자라든 상관없이 적용된다. 문제는 주로 배아 선별이다. 배아에 중대한 가치판단을 내리는데, 이는 배아의 사회적 지위에 심각한 영향을 미친다. 하지만 그 가치판단은 장래에 비로소 효력을 갖는다. 선별 시점에는 배아가 아직 그 사회적 지위를 실제로 갖지 않기 때문이다. 다시 말해 인간존엄성 보호가 이미 존재하지만 실제 인간존엄성 침해는 미래에야 발생할 수 있는 상황인 것이다. 이렇게 시점을 앞당겨 판단하는 만큼, 부모의 매우 중대한 이익과 비교형량할 일정한 여지가 생긴다. 자녀의 심각한 유전병이나 염색체 이상을 피하려는 부모의 이해관심이 바로 그러한 매우 중대한 이익에 해당하며, 이에 따라 PGD를 엄격히 제한적으로 허용하는 것은 정당하다고 볼 수 있다. 그러나 이를 넘어서는 목적, 이를테면 '구세주 형제' 생성 등은 정당화하기 어렵다. 이런 경우 선별은 부모의 매우 중대한 이익으로도 정당화하기 어려울 만큼 배아의 본질적인 사회적 지위를 심각하게 침해한다. 마지막으로, 태어난 배아가 긍정적으로 평가받았다는 항변은 상황을 바꾸지 못한다. 결과가 어떻든 선별이라는 결정 자체가 인간의 본질적인 사회적 지위를 제한하기 때문이다.

6) 인간을 유전적으로 변형해도 되는가?

PGD에 이은 개별 배아의 선별은 살해 문제와는 별개로 그 배아의 사회적 지위, 즉 외재적 존엄성만을 침해한다. 그 반면에 아직 실현되지 않은 더 나아간 단계, 즉 배아의 유전자 변형은 사정이 다르다. 한 사람의 자기 이익에 대한 자기 결정은 근본을 이루는 방식으로 그가 형성해가는 추동, 욕구, 소망, 목표에서 비롯한다. 그런데 이 이익들은 결국 인간의 신체에 근본적으로 뿌리를 두고 있으므로 배아의 신체적 기반에 대한 모든 외부 결정은 이러한 이익을 변화시키고, 그로 인해 미래 인간의 자기 이익에 대한 자기 결정을 간접적으로 변화시킨다. 따라서 배아의 유전자 변형은 그 배아의 사회적 지위만이 아니라 본질적 존엄성에도 영향을 끼친다.

다음의 예를 생각해보자. 부모와 의사가 유전자 변형으로 배아의 장차 근육량을 크게 늘린다면 그 배아는 앞으로 근육이 적은 삶을 살아갈 수 없게 된다. 근육질보다 날씬한 체형이 특정한 기회를 제공할 수도 있는데 말이다. 이렇게 되면 배아의 삶, 더 구체적으로는 자기 이익에 대한 자기 결정에 중대하고 돌이킬 수 없는 개입이 발생한다. 배아의 유전자 변형과 같은 이런 개입은 본질적 존엄성을 침해한다.

어쩌면 배아와 부모의 매우 중대한 이해관심만이 예외를 정당화할 수 있을지도 모른다. 그 예외란 무엇인가? 장차 태어날 아이가 자기 결정을 거의 할 수 없게 하는 심각한 유전병이나 염색체 이상 정도일 것이다. 누구도 유전병 소인이나 염색체 이상을 원하지 않는다는 점을 확실히 알고 이를 매우 높은 확실성으로 그리고 심한 부작용 없이 없앨 수 있다면 그때는 정당화를 고려해야 할 것이다. 하지만 안전한 유전자 치료라는 조건을 실제로 충족할 수 있을지 매우 의심스럽다. 거기에 이르는 연구 과정도 큰 윤리적 문제를 낳을 수밖에 없을 텐데, 최초 배아들은 말 그대로 실험 대상이 되기 때문이다. 결국 이런 결정은 인류 전체가 내려야 한다. 잠재적으로 모든 미래 인류가 영향을 받을 것이며, 인류 전체의 유전적 기반이 점차 변할 것이기 때문이다.

하지만 배아가 모체의 자궁에 착상되기 위한 것이 아니라 애초에 연구나 (인체) '부품 창고'와 같은 다른 목적을 위해 만들어졌다면 어떨까? 독일 배아보호법 제2조 제1항은 체외 수정된 배아를 그 생명 유지 목적이 아닌 다른 용도로 사용하는 것을 금지한다. 이 금지는 배아가 원칙적으로 살아 있는 인간으로 발전할 수 있다는 점을 근거로, 배아를 본질적이든 외재적이든 존엄성 침해로부터 보호하려는 취지이므로 윤리적으로 정당하다. 연구자나 의사는 배아를 착상시키지 않는다는 사실만으로 자신의 행위를 정당화할 수 없으며, 이러한 윤리적 금지에는 이른바 치료용 복제도 포함된다.

7) 인간을 복제해도 되는가?

이른바 생식용 복제, 즉 다른 사람과 유전적으로 동일한 배아를 만드는 일은 앞서 본 유전자 변형과 비교해볼 수 있다. 복제 배아는 장차 가지게 될 본질적인 사회적 지위(외재적 존엄성)에 대한 선별적 가치판단을 통해 침해당할 뿐 아니라 자기 이익에 대한 자기 결정을 구성하는 핵심 요인들에서도 외부 통제를 받게 된다. 심각한 유전병이나 염색체 이상을 이유로 한 유전자 변형과 달리, 생식용 복제에서는 배아나 부모의 매우 중대한 이해관심을 찾기 어렵다. 특히 어떤 사람이 유전적으로 동일한 다른 사람 속에서 계속 살아가고 싶다는 이해관심은 그러한 중대한 이해관심으로 보기 힘들다. 진정한 의미의 '계속되는 삶'이란 이런 방식으로는 불가능하다. 한 인간의 인격을 형성하는 다양한 사회적 요인은 복제할 수 없기 때문이다.

하지만 자연적으로 생겨나는 일란성쌍둥이도 있지 않은가? 인간존엄성의 침해는 바로 다른 사람에 의한 외부 결정에 있는 반면, 자연적 과정의 결과는 외부 결정이 아니라 우연히 일어난다. 결론적으로 사람의 생식용 복제는 그 사람의 본질적 그리고 외재적 존엄성을 침해한다. 따라서 독일 배아 보호법 제6조와 유럽연합 기본권 헌장 제3조 제2항 d)가 명시한 생식용 복제에 대한 절대적 금지는 윤리적으로 정당하다.

참고문헌

Aristoteles: Nikomachische Ethik. Stuttgart 1980.

Aristoteles: Politik, 5. Aufl. München 1984.

Augustinus, Aurelius: Des heiligen Kirchenvaters Aurelius Augustinus fünfzehn Bücher über die Dreieinigkeit, Kempten 1935.

v. Arnim, Hans: Stoicorum veterum fragmenta, vier Bände, Leipzig 1903ff.

Balzer, Philipp/Rippe, Klaus Peter/Schaber, Peter (Hg.): Menschenwürde vs. Würde der Kreatur, Freiburg 1998.

Bayertz, Kurt: Die Idee der Menschenwürde: Probleme und Paradoxien, in: Archiv für Rechts- und Sozialphilosophie 81 (1995), S. 465~481.

Bentham, Jeremy: Nonsense upon Stilts, in: Rights, Representation and Reform, hg. von Philip Schofield u.a. (The Collected Works of Jeremy Bentham), Oxford 2002, S. 317~434.

Bieri, Peter: Eine Art zu leben: Über die Vielfalt menschlicher Würde, 6. Aufl. Frankfurt a.M. 2020.

Birnbacher, Dieter: Mehrdeutigkeiten im Begriff der Menschenwürde, in: Aufklärung und Kritik 2 (1995), Sonderheft 1, S. 4~13.

Birnbacher, Dieter: Drei Begriffe von Menschenwürde, in: Jan Joerden u.a. (Hg.), Menschenwürde und moderne Medizintechnik, Baden-Baden 2011, S. 45~55.

Bloch, Ernst: Naturrecht und menschliche Würde, Frankfurt a.M. 1985. Boethius, Anicius: Trost der Philosophie/Consolatio Philosophiae, München 1990.

Borchers, Dagmar: Menschenwürde in der Angewandten Ethik: verzichtbar und unverzichtbar, in: Hans Jörg Sandkühler (Hg.), Menschenwürde. Philosophische, theologische und juristische Analysen, Frankfurt a.M. 2007, S. 129~158.

Bremmer, Jan: The Early Greek Concept of the Soul, Princeton 1983.

Brugger, Winfried: Darf der Staat ausnahmsweise foltern?, in: Der Staat 1996, S. 67~97.

Brugger, Winfried: Vom unbedingten Verbot der Folter zum bedingten Recht auf Folter?, in: JZ 2000, S. 165~173.

Brugger, Winfried/Kirste, Stephan (Hg.): Human Dignity as a Foundation of Law, Stuttgart 2013.

Cancik, Hubert: ⟨Dignity of Man⟩ and ⟨Persona⟩ in Stoic Anthropology: Some remarks on Cicero, De officiis I 105 − 107, in: David Kretzmer/Eckart Klein, (Hg.), The Concept of Human Dignity in Human Rights Discourse, Den Haag 2002, S. 19~39.

Cicero, Markus Tullius: De officiis/Vom pflichtgemäßen Handeln, Stuttgart 1992.

Cicero, Markus Tullius: De re publica/Vom Gemeinwesen, Stuttgart 1995.

Cicero, Markus Tullius: Tusculanae disputationes/Gespräche in Tusculum, 5. Aufl. München 1984.

Claus, D. B.: Toward the Soul. An Inquiry into the Meaning of ψυχή before Plato, Yale 1981.

Dietrich, Frank/Czerner, Frank: Menschenwürde und vorgeburtliches Leben, in: Jan Joerden u.a. (Hg.), Menschenwürde und Medizin. Ein interdisziplinäres Handbuch, Berlin 2013, S. 491~524.

Diogenes Laertius: Leben und Meinungen berühmter Philosophen/Vitae et sententiae philosophorum, 3. Aufl. Hamburg 1990.

Dreier, Horst: Kommentierung zu Art. 1 GG, in: ders. u.a. (Hg.), Grundgesetz. Kommentar, Band 1 Art. 1–19, 3. Aufl. Tübingen 2013.

Drexler, Hans: Dignitas, in: Richard Klein (Hg.), Das Staatsdenken der Römer, 2. Aufl. Darmstadt 1973, S. 231~254.

Dürig, Günter: Der Grundrechtssatz von der Menschenwürde, in: Archiv des öffentlichen Rechts 81/2 (1956), S. 117~157.

Düwell, Marcus u.a. (Hg.): The Cambridge Handbook of Human Dignity, Cambridge 2014.

Enders, Christoph: Die Menschenwürde in der Verfassungsordnung. Zur Dogmatik des Art. 1 GG, Tübingen 1997.

Facio, Bartolomeo: De excellentia ac praestantia hominis ad Pium Papam Secundum liber incipit, 1447, Schriften des Facio in der Biblioteca Nazionale Rom.

Forschner, Maximilian: Marktpreis und Würde oder vom Adel der menschlichen Natur, in: Henning Kössler (Hg.), Die Würde des Menschen. Fünf Vorträge, Erlangen 1998, S. 33~59.

Frankfurt, Harry: Feedom of the Will and the Concept of a Person, in: ders., The Importance of What We Care About, Cambridge 1988, S. 11~25.

Gisbertz, Philipp: Menschenwürde in der angloamerikanischen Rechtsphilosophie. Ein Vergleich zur kontinentaleuropäischen Begriffsbildung, Baden-Baden 2018.

Goos, Christoph: Innere Freiheit. Eine Rekonstruktion des grundgesetzlichen Würdebegriffs, Göttingen 2011.

Gregor v. Nyssa: De hominis opificio/Abhandlung über die Ausstattung des Menschen, hg. von Lara Sels, Köln 2008.

Gröschner, Rolf/Kirste, Stephan/Lembcke, Oliver (Hg.): Des Menschen Würde, entdeckt und erfunden im Humanismus der italienischen Renaissance, Tübingen 2008.

Gröschner, Rolf/Kapust, Antje/Lembcke, Oliver (Hg.): Wörterbuch der Würde, Stuttgart 2013.

Habermas, Jürgen: Die Zukunft der menschlichen Natur. Auf dem Weg zu einer liberalen Eugenik?, Frankfurt a. M 2001.

Hegel, Georg Wilhelm Friedrich: Vorlesungen über die Philosophie der Religion, Werke 16, Frankfurt a.M. 1986.

Herdegen, Matthias: Kommentierung zu Art. 1 GG, in: Maunz/Dürig u.a., Kommentar zum Grundgesetz, 99. Ergänzungslieferung, München 2022.

Heyns, Christof: The Preamble of the United Nations Charter: The Contribution of Jan Smuts, in: African Journal of International and Comparative Law 7 (1995), S. 329~348.

Hobbes, Thomas: Leviathan oder Stoff, Form und Gewalt eines kirchlichen und bürgerlichen Staates, Frankfurt a. M 1984.

Horn, Christoph: Lässt sich Menschenwürde in Begriffen von Selbstachtung und Demütigung verstehen?, in: Falk Bornmüller u. a. (Hg.), Menschenrechte und Demokratie, S. 101~118.

Hörnle, Tatjana: Menschenwürde als Freiheit von Demütigungen, in: Zeitschrift für Rechtsphilosophie, 2008, S. 41~61.

Hoerster, Norbert: Ethik des Embryonenschutzes, Stuttgart 2002.

Hofmann, Hasso: Die versprochene Menschenwürde, in: Archiv des öffentlichen Rechts 118 (1993), S. 353~377.

Joerden, Jan/Hilgendorf, Eric/Thiele, Felix (Hg.): Menschenwürde und Medizin, Berlin 2013.

Kant, Immanuel: Kritik der reinen Vernunft (1781), Akademie-ausgabe 2. Aufl., Berlin 1904/11, Nachdruck 1968.

Kant, Immanuel: Grundlegung zur Metaphysik der Sitten (1785), AA, Berlin 1911, Nachdruck 1968.

Kant, Immanuel: Die Metaphysik der Sitten. Metaphysische Anfangsgründe der Rechtslehre/Metaphysische Anfangsgründe der Tugendlehre (1797/1798), AA, Berlin 1907/14, Nachdruck 1968.

Keßler, Eckhard: Menschenwürde in der Renaissance, in: Anne Siegetsleitner/Nikolaus Knoepfler (Hg.), Menschenwürde im interkulturellen Dialog, Freiburg 2005, S. 41ff.

Killmister, Suzy: Contours of Dignity, Oxford 2020.

Kingreen, Thorsten/Poscher, Ralf: Grundrechte. Staatsrecht II, 38. Aufl. Heidelberg 2022.

Kobusch, Theo: Die Entdeckung der Person, Freiburg 1993.

Kobusch, Theo: Die Würde des Menschen – ein Erbe der christlichen Philosophie, in: Rolf Gröschner u.a. (Hg.): Des Menschen Würde, entdeckt und erfunden im Humanismus der italienischen Renaissance, Tübingen 2008, S. 235~248.

Kühne, Jörg-Detlef: Die Reichsverfassung der Paulskirche. Vorbild und Verwirklichung im späteren Rechtsleben, 2. Aufl. Neuwied 1998.

Lassalle, Ferdinand: Arbeiter-Programm, hg. von Eduard Bernstein, Berlin 1919.

Lenzen, Wolfgang: Fortschritte in der Bioethik?, in: ders. (Hg.), Wie bestimmt man den ⟨moralischen⟩ Status von Embryonen?, Paderborn 2004, S. 11~27.

Lepsius, Oliver: Das Luftsicherheitsgesetz und des Grundgesetz, in: Fredrik Roggan (Hg.), Mit Recht für Menschenwürde und Verfassungsstaat, Berlin 2006, S. 47~74.

Lindholm, Tore: Article 1. A new Beginning. In: Eide Asbjøern, The Universal Declaration of Human Rights: A Commentary, Oslo 1992, S. 31~55.

Macklin, Ruth: Dignity is a useless concept. In: British Medical Journal, Vol. 327 (2003), S. 14~19.

Maihofer, Werner: Rechtsstaat und menschliche Würde, Frankfurt a.M. 1968.

Manetti, Gianozzo: Über die Würde und Erhabenheit des Menschen/De dignitate et excellentia hominis, Hamburg 1990. Lat.: hg. von Elizabeth R. Leonard, Padua 1975.

Margalit, Avishai: The Decent Society, Cambridge, MA 1996. Dt.: Politik der Würde. Über Achtung und Verachtung, Frankfurt a.M. 2012.

Maritain, Jacques (Hg.): Um die Erklärung der Menschenwürde, Zürich 1951.

McCrudden, Christopher (Hg.): Understanding Human Dignity, Oxford 2014.

Mohlberg, Cunibert (Hg.): Sacramentarium Leonianum, Rom 1956. Mohr, Georg: Ein ⟨Wert, der keinen Preis hat⟩ – Philosophiegeschichtliche Grundlagen der Menschenwürde bei Kant und Fichte, in: Hans Jörg Sandkühler (Hg.), Menschenwürde. Philosophische, theologische und juristische Analysen, Frankfurt a.M. 2007, S. 13~39.

Neumann, Ulfrid/Tiedemann, Paul/Liu, Shing-I (Hg.): Menschenwürde ohne Metaphysik, Stuttgart 2021.

Nietzsche, Friedrich: Fünf Vorreden zu fünf ungeschriebenen Büchern. 3. Der griechische Staat, in: Sämtliche Werke. Kritische Studienausgabe Bd. 1, hg. von Giorgio Colli und Mazzino Montinari, Berlin 1980, S. 764~777.

Onians, R. B.: The Origins of European Thought about the Body, the Soul, the World, Time, and Fate, 2. Aufl. Cambridge 1954.

Pascal, Blaise: Gedanken, Köln 1978.

von der Pfordten, Dietmar: Rechtsethik, EA 2001, 2. Aufl. München 2011.

von der Pfordten, Dietmar: Tierwürde nach Analogie der Menschenwürde?, in: Andreas Brenner (Hg.), Tiere beschreiben, Erlangen 2003, S. 105~123.

von der Pfordten, Dietmar: Ist staatliche Folter als fernwirkende Nothilfe ethisch erlaubt?, in: Wolfgang Lanzen (Hg.), Ist Folter erlaubt? Juristische und philosophische Aspekte, Paderborn 2006, S. 149~172.

von der Pfordten, Dietmar: Zur Würde des Menschen bei Kant, in: Recht und Sittlichkeit bei Kant, Jahrbuch für Recht und Ethik, hg. von Sharon Byrd u.a. 2006, S. 501~517. Englische Übersetzung: On the Dignity of Man in Kant, in: Philosophy 84 (2009), S. 371~391.

Italienische Übersetzung: Sulla dignità umana in Kant, in: La Cultura XLIX (2011), S. 209~225.

von der Pfordten, Dietmar: Was ist Recht?, in: Zeitschrift für philosophische Forschung 63 (2009), S. 173~200.

von der Pfordten, Dietmar: Normative Ethik. Berlin 2010.

von der Pfordten, Dietmar: Zum Verfassungsbegriff der Menschenwürde und ein systematischer Vorschlag, in: Dieter Grimm u.a. (Hg.), Verfassung in Vergangenheit und Zukunft. Sechs Jahrzehnte Erfahrung in Deutschland und Italien, Stuttgart 2011, S. 39~46.

von der Pfordten, Dietmar: Some Remarks on the Concept of Human Dignity, in: Winfried Brugger/Stephan Kirste (Hg.), Human Dignity as a Foundation of Law, Stuttgart 2013.

von der Pfordten, Dietmar: The Rise of Human Dignity, in: Walter Schweidler (Hg.), Human Rights and Natural Law, St. Augustin 2013, S. 217~229.

von der Pfordten, Dietmar: Menschenwürde und Sterbehilfe, in: Jan Christoph Bublitz u.a. (Hg.), Recht − Philosophie − Literatur. Festschrift für Reinhard Merkel zum 70. Geburtstag. Teilband II, Berlin 2020, S. 1031~1044.

von der Pfordten, Dietmar: Zu einem adäquaten Verständnis der inhärenten, unveräußerlichen Menschenwürde, in: Neumann u.a. (Hg.), Menschenwürde ohne Metaphysik, Stuttgart 2021, S. 205~218.

von der Pfordten, Dietmar/Gisbertz-Astolfi, Philipp (Hg.): Menschenwürde. Zur Frage ihrer Unverfügbarkeit, Tübingen 2022.

von der Pfordten, Dietmar/Kähler, Lorenz (Hg.), Normativer

Individualismus in Ethik, Politik und Recht, Tübingen 2014.

Pico della Mirandola, Giovanni: Über die Würde des Menschen/De Hominis Dignitate, Hamburg 1990.

Pinker, Steven: The Stupidity of Dignity. Conservative bioethics' latest, most dangerous ploy, in: The New Republik, 28. Mai 2008, S. 28~31.

Platon: Werke, 3. Aufl. Darmstadt 1990.

Pöschl, Viktor: ⟨Würde im antiken Rom⟩, in: Art. Würde, in: Geschichtliche Grundbegriffe. Historisches Lexikon zur politisch-sozialen Sprache in Deutschland, Band 7, hg. von Otto Brunner u.a., Stuttgart 1992, Studienausgabe 2004, S. 637~645.

Pöschl, Viktor: Der Begriff der Würde im antiken Rom und später. Sitzungsberichte der Heidelberger Akademie der Wissenschaften. Philosophischhistorische Klasse Jahrgang 1989, Bericht 3, Heidelberg 1989.

Pohlenz, Max: Die Stoa. Geschichte einer geistigen Bewegung, 1. Band, 4. Aufl. Göttingen 1970; 2. Band, 2. Aufl. 1955.

Pope, Alexander: Vom Menschen/Essay on Men, Hamburg 1993.

von Pufendorf, Samuel: Acht Bücher vom Natur- und Völkerrecht (1672), Berlin 1998.

von Pufendorf, Samuel: Über die Pflicht des Menschen und des Bürgers nach dem Gesetz der Natur, Frankfurt a.M. 1994.

Raaflaub, Kurt: Dignitatis contentio. Studien zur Motivation und politischen Taktik im Bürgerkrieg zwischen Cäsar und Pompeius, München 1974.

Rohde, Erwin: Psyche. Seelenkult und Unsterblichkeits-glaube der Griechen, I. und II. Band, 9./10. Aufl., Tübingen 1925.

Rosen, Michael: Dignity. Its History and Meaning, Cambridge, MA 2012. Rothhaar, Markus: Die Menschenwürde als Prinzip des Rechts, Tübingen 2015.

Sandkühler, Hans Jörg (Hg.): Menschenwürde. Philosophi-sche, theologische und juristische Analysen, Frankfurt a.M. 2007.

Sandkühler, Hans Jörg: Recht und Staat nach menschlichem Maß, Weilerswist 2013.

Sandkühler, Hans Jörg: Menschenwürde und Menschen-rechte. Über die Verletzbarkeit und den Schutz der Menschen, Freiburg i.Br. 2014.

Schaber, Peter: Menschenwürde, Stuttgart 2012.

Schaber, Peter: Instrumentalisierung und Würde, 2. Aufl. Münster 2013.

von Schiller, Friedrich: Über Anmut und Würde, Werke in drei Bänden, Bd. II, München 1976, S. 382~424.

von Schiller, Friedrich: Epigramme, Werke in drei Bänden, Bd. II, München 1976, S. 723~728.

Schopenhauer, Arthur: Preisschrift über die Grundlage der Moral (1841), in: ders., Sämtliche Werke III, Frankfurt a.M. 1986, S. 629~815.

Schweidler, Walter/Neumann, Herbert A./Brysch, Eugen (Hg.): Menschenleben – Menschenwürde, Münster 2003.

Schweidler, Walter: Über Menschenwürde. Der Ursprung der Person und die Kultur des Lebens, Wiesbaden 2012.

Seelmann, Kurt: Person und Menschenwürde in der Philosophie Hegels, in: Horst Dreier (Hg.), Philosophie des Rechts und Verfassungstheorie, Berlin 2000, S. 125~145.

Seelmann, Kurt (Hg.): Menschenwürde als Rechtsbegriff, Stuttgart 2004.

Seelmann, Kurt/Demko, Daniela: Rechtsphilosophie, 7. Aufl. München 2019.

Seneca: Über das glückliche Leben, Philosophische Schriften 2. Bd., Darmstadt 1999.

Skinner, B. F.: Beyond Freedom and Dignity, New York 1971; dt.: Jenseits von Freiheit und Würde, Reinbek 1982.

Sorgner, Stefan Lorenz: Menschenwürde nach Nietzsche. Die Geschichte eines Begriffs, Darmstadt 2010.

Spaemann, Robert: Über den Begriff der Menschenwürde, in: Ernst-Wolfgang Böckenförde/Robert Spaemann (Hg.), Menschenrechte und Menschenwürde: historische Voraussetzungen – säkulare Gestalt – christliches Verständnis, Stuttgart 1987, S. 295~313.

Starck, Christian: Kommentierung zu Art. 1 GG, in: v. Mangoldt/Klein/ Starck (Hg.), Kommentar zum Grundgesetz Bd. 1, 7. Aufl. München 2018, S. 25~173.

Stoecker, Ralf (Hg.): Menschenwürde. Annäherung an einen Begriff, Wien 2003.

Thomas v. Aquin: Summa theologiae, Deutsche Thomasausgabe, Bonn 1987.

Tiedemann, Paul: Menschenwürde als Rechtsbegriff. Eine philosophische Klärung, 3. Aufl. Berlin 2012.

Tiedemann, Paul: Was ist Menschenwürde? Eine Einführung. 2. Aufl. Darmstadt 2014.

United Nations Human Rights Committee, Manuel Wackenheim v. France, Communication No 854/1999, U.N. Doc. CCPR/C/75/D/854/1999 (2002) Selected Decisions under the Optional Protocol, Seventy-Fifth to Eighty-Fourth Sessions (July 2002~March 2005), New York 2007, S. 110~114.

Van Roon, Ger: Neuordnung im Widerstand. Der Kreisauer Kreis innerhalb der deutschen Widerstandsbewegung, München 1967.

Waldron, Jeremy: Dignity, Rank, & Rights, Oxford 2012.

Wetz, Franz Josef: Illusion Menschenwürde. Aufstieg und Fall eines Grundwerts, Stuttgart 2005.

Wetz, Franz Josef (Hg.): Texte zur Menschenwürde, Stuttgart 2011.

유럽 외 나라의 인간존엄성 관련 문헌

Aawani, Shahin: Menschenwürde als ethisches Prinzip der Kodifikation von Menschenrechten, Bonn 2003.

Heinzmann, Richard/Selcuk, Mualla/Körner, Felix (Hg.), Menschenwürde. Grundlagen in Christentum und Islam, Stuttgart 2007.

Hsu, Jimmy Chia-Shin (Hg.): Human Dignity in Asia.

Dialogue between Law and Culture, Cambridge, UK, 2022.

Joas, Hans: Sind die Menschenrechte westlich?, München 2015.

Kretzmer, David/Klein, Eckart (Hg.): The Concept of Human Dignity in Human Rights Discourse, Den Haag 2002.

Mawdudi, Abdul A'la: Human Rights in Islam, London 1983.

Möller, Hans Georg: Menschenrechte, Missionare, Menzius. Überlegungen angesichts der Frage nach der Kompatibilität von Konfuzianismus und Menschenrechten, in: Gunter Schubert (Hg.), Menschenrechte in Ostasien, Bd. II, Tübingen 1999, S. 109ff.

Onwubiko, Augustine B.C.: Person and Human Dignity. A Dialogue with the Igbo (African) Thought and Culture, Frankfurt a.M. 2012.

Paul, Gregor: Konzepte der Menschenwürde in der klassischen chinesischen Philosophie, in: Anne Siegetsleitner/Nikolaus Knoepfler (Hg.), Menschenwürde im interkulturellen Dialog, Freiburg i.Br. 2005, S. 67ff.

Roetz, Heiner: China und die Menschenrechte: Die Bedeutung der Tradition und die Stellung des Konfuzianismus, in: Gregor Paul/Caroline Y. Robertson-Wensauer (Hg.), Traditionelle chinesische Kultur und Menschenrechtsfrage, Baden-Baden 1997, S. 37~55.

Siegetsleitner, Anne/Knoepffler, Nikolaus (Hg.), Menschenwürde im interkulturellen Dialog, Freiburg i.Br. 2005.

인간은 역사의 산물이다. 문명도, 인간이 지닌 존엄성도 역사 속에서 형성되었다. 인류는 20세기가 되어서야 비로소 인간존엄성을 명문화하고 도덕의 최상위 원칙으로 삼았다. 왜 이토록 늦어졌을까? 인간존엄성이란 무엇이며, 무엇이 이를 침해하는가? 이 책은 인간존엄성이 (실질적으로는 아닐지라도 적어도 규범적으로는) 승리해온 역사를 조명하며, 그 과정이 어떻게 이 질문들에 대한 해답의 실마리가 되는지 보여준다.

책의 크기는 문고본이지만 내용은 소사전급이다.

저자 디트마르 폰 데어 포르텐은 방대한 논의를 정리해 핵심을 역사적으로 개관하면서도 현실 문제에 대한 구체적이고 세밀한 논의를 놓치지 않는다. 책은 인간이 존엄성을 '자각'해온 긴 여정을 따라간다(2장). 고대와 중세를 지나 푸펜도르프와 칸트, 실러, 벤담, 니체 등의 사상을 훑는다. 현대에 이르러서는 1945년 국제연합헌장과 1948년 세계인권선언, 1949년 독일 기본법과 2000년 유럽연합기본권헌장까지 폭넓게 다루며, 끝으로 비유럽권 전통에 대한 연구 과제까지 짧게 덧붙인다.

이어 인간존엄성을 둘러싼 현대적 해석을 낱낱이 고찰한다(3장). 주된 논점은 '자기 이익에 대한 자기 결정'과 이를 뒷받침하는 경제적 조건이다. 저자는 인간존엄성 보호의 담지자가 누구인지, 인간존엄성은 불가침인지 등의 질문을 던지며 답을 구한다. 인간존엄성을 포기할 수 있는지, 인간존엄성은 다른 인권의 기초가 되는지 등도 심도 있게 파고든다.

책의 마지막 부분에서는 인간존엄성의 구체적이고 논쟁적인 적용 문제를 다룬다(4장). 인간을 평생 구금해도 되는지, 단식투쟁하는 사람에게 강제로 먹여도 되는지, 국가는 거짓말탐지기를 도입해도 되는지, 테러리스

트에게 납치된 항공기를 격추해도 되는지, 착상 전 유
전자 진단과 임신 중단은 인간존엄성을 침해하는지, 배
아를 유전적으로 변형하거나 인간을 복제해도 되는지
등 작금의 예민하고 논쟁적인 문제들을 정면으로 응시
한다.

저자는 인간존엄성이란 자기 이익에 대한 자기 결정
이며, 결코 침해할 수 없는 '절대적 가치'라고 결론짓는
다. 이는 독일연방헌법재판소의 판례에서도 명확히 드
러난다. 재판소는 인간을 국가 행위의 단순한 객체나
수단으로 전락시키는 것은 존엄성에 위배된다고 판시했
다. 인간은 자율적으로 판단하고 성장하는 정신적, 도덕
적 주체이기에 그 존엄성은 헌법 질서 내 최고 가치이자
타협할 수 없는 절대적 속성을 지닌다는 것이다.

이 책의 핵심 성과는 추상적인 인간존엄성 개념을 네
가지 (부분)개념으로 구분한 데 있다. 즉 본질적 존엄성,
외재적 존엄성, 평등적 존엄성, 경제적 존엄성이 그것이
다. 저자는 이들이 모두 비육체적 속성이라는 공통점을
가지면서도 각기 다른 층위에 있음을 명쾌하게 분석해
낸다.

지금 우리는 기후 위기와 자본주의의 모순, 극단적

갈등이 만연한 혼란의 시대를 살고 있다. 세상이 소란스러울수록 우리는 역사와 인간의 본질로 돌아가야 한다. 인간존엄성의 회복은 단순한 이론을 넘어, 야만을 막고 민주주의를 확장하기 위한 실천적 과제다. 현실의 정치, 경제 문제가 거대해 보일지라도 그 본질은 결국 인간 자신의 문제이자 존엄성의 문제다. 야만이냐, 아니면 인간의 존엄이냐!

아는 사람은 알겠지만 역자는 그 유명한 고전 전집을 번역하는 데 모든 것을 걸고 남은 생을 살고 있다. 작업이 작업인지라 세상과의 인연도 거의 단절한 채, 거의 고립무원의 상태에서 고군분투 중이다. 고전 번역이라는 고독한 작업 속에서 세상과 소통할 수 있는 소중한 장을 마련해주신 북캠퍼스 이원석 대표님과 관계자 여러분 그리고 최호영 박사께 깊은 감사를 드린다.

찾아보기

인간존엄성
개념의 기원과 형성

초판 1쇄 인쇄 | 2026년 2월 9일
초판 1쇄 발행 | 2026년 2월 19일

지은이 | 디트마르 폰 데어 포르텐
옮긴이 | 김정로
발행인 | 이원석
발행처 | 북캠퍼스

등록 | 2010년 1월 18일 (제313-2010-14호)
주소 | 경기도 성남시 분당구 서현동 245-3 성지하이츠텔 913호
전화 | 070-8881-0037
팩스 | 031-702-0204
전자우편 | kultur12@naver.com

편집 | 신상미
디자인 | 이경란
마케팅 | 임동건

ISBN: 979-11-88571-24-6 (04080)
      979-11-88571-18-5 (set)

이 도서의 국립중앙도서관 출판시도서목록(CIP)은 서지정보유통지원시스템
홈페이지(http://seoji.nl.go.kr)와 국가자료공동목록시스템(http://www.
nl.go.kr/kolisnet)에서 이용하실 수 있습니다.